A Vergonha
e as Origens
da Autoestima

Dados Internacionais de Catalogação na Publicação (CIP)
(Câmara Brasileira do Livro, SP, Brasil)

Jacoby, Mario
  A vergonha e as origens da autoestima : abordagem junguiana / Mario Jacoby ; tradução de Paulo Ferreira Valério. – Petrópolis, RJ : Vozes, 2023.

Título original: Shame and the origins of self-esteem
Bibliografia.

2ª reimpressão, 2024.

ISBN 978-65-5713-841-0

1. Autoestima 2. Psicologia 3. Psicogênese 4. Psicoterapia 5. Sentimentos 6. Vergonha I. Título.

23-145383   CDD-152.4

Índices para catálogo sistemático:
1. Sentimentos : Psicologia   152.4

Henrique Ribeiro Soares – Bibliotecário – CRB-8/9314

MARIO JACOBY

A VERGONHA E AS ORIGENS DA AUTOESTIMA
ABORDAGEM JUNGUIANA

Tradução de Paulo Ferreira Valério

EDITORA VOZES
Petrópolis

© 2017, Mario Jacoby/ISAPZURICH
Publicado inicialmente em alemão com o título *Scham-Angst und Selbswertgefühl* por
Walter Verlag, Olten e Freiburg im Breisgau. © 1991 Walter Verlag.
Primeira edição em inglês publicada em 1994 pela Routledge.

Tradução autorizada da edição em língua inglesa, publicada pela Routledge,
membro do GrupoE Taylor & Francis.

Tradução do original em inglês intitulado *Shame and the Origins of Self-Esteem –
A Jungian approach.*

Direitos de publicação em língua portuguesa – Brasil:
2023, Editora Vozes Ltda.
Rua Frei Luís, 100
25689-900 Petrópolis, RJ
www.vozes.com.br
Brasil

Todos os direitos reservados. Nenhuma parte desta obra poderá ser reproduzida
ou transmitida por qualquer forma e/ou quaisquer meios (eletrônico ou mecânico,
incluindo fotocópia e gravação) ou arquivada em qualquer sistema ou banco de
dados sem permissão escrita da editora.

CONSELHO EDITORIAL	PRODUÇÃO EDITORIAL
Diretor	Aline L.R. de Barros
Volney J. Berkenbrock	Jailson Scota
	Marcelo Telles
Editores	Mirela de Oliveira
Aline dos Santos Carneiro	Natália França
Edrian Josué Pasini	Otaviano M. Cunha
Marilac Loraine Oleniki	Priscilla A.F. Alves
Welder Lancieri Marchini	Rafael de Oliveira
	Samuel Rezende
Conselheiros	Vanessa Luz
Elói Dionísio Piva	Verônica M. Guedes
Francisco Morás	
Gilberto Gonçalves Garcia	
Ludovico Garmus	
Teobaldo Heidemann	
Secretário executivo	
Leonardo A.R.T. dos Santos	

Diagramação: Sheilandre Desenv. Gráfico
Revisão gráfica: Lorena Delduca Herédias
Capa: WM design

ISBN 978-65-5713-841-0 (Brasil)
ISBN 978-1-138-12022-8 (Reino Unido)

Este livro foi composto e impresso pela Editora Vozes Ltda.

Sobre esta tradução

1. *Grandiose self*, usualmente traduzido como *self grandioso*, foi traduzido por *si-mesmo ostentoso* no intuito de manter a possível conotação pejorativa, ausente na palavra *grandioso* em português. Dado que *grandiose self* é um fenômeno que tem pouco de grandiosidade, traduzi por *si-mesmo ostentoso* que, além do aspecto de 'grandiosidade', implica também o de exibicionismo, mais em sintonia com o conceito na psicanálise.

2. *Ego ideal, ego-ideal*: o autor usa a expressão com e sem hífen. Lacan faz distinção entre *ego ideal* (ideal do eu) e *ideal ego* (eu ideal); em todo o texto, Jacoby usa *ideal ego* apenas no índice, remetendo a *ego-ideal*. Por isso, mantivemos no texto a forma *ideal do eu*, quer seja com hífen, quer não, obedecendo à lógica da língua inglesa e também à descrição que se faz do conceito no texto. Quanto à tradução de "ego" por "eu", seguiu-se o texto consolidado pela tradução seguindo o texto da Vozes para o Apêndice, onde o autor explica o que

Jung entende por "ego" (*Apêndice*: conceitos do eu e do si-mesmo: uma comparação).

3. *Citações das obras de Jung*: todas são indicadas apenas com OC (Obra Completa) e o número do parágrafo (§). Os textos seguem a tradução publicada por esta casa.

Sumário

Prefácio, 9

Prefácio à primeira edição original, 15

1 Fenomenologia da vergonha e da ansiedade decorrente da vergonha, 23

2 O significado psicológico da vergonha, 57

3 O sentimento de autoestima, 74

4 A psicogênese da vergonha e da suscetibilidade à vergonha, 124

5 Variações na experiência da vergonha, 160

6 Tópicos da vergonha no relacionamento terapêutico, 197

7 Psicoterapia com problemas de autoestima e suscetibilidade à vergonha, 238

Apêndice – Conceitos do eu e do si-mesmo: uma comparação, 285

Referências, 301

Índice remissivo, 307

Prefácio

Só podemos dizer que um livro é um *clássico* se for um exemplo excepcional de seu gênero e que tenha conservado sua solidez e integridade durante muitos anos. Isto é indubitavelmente verdadeiro para *A vergonha e as origens da autoestima*, de Mario Jacoby. Embora se tenham passado 25 anos desde que a primeira edição foi publicada e, nesse ínterim, portanto, alguns aspectos tenham avançado, o cerne do texto permanece atemporal e pertinente. A conexão que Jacoby faz da psicologia analítica com a psicologia do si-mesmo e a pesquisa com crianças assinala um momento especialmente importante na discussão teórica e clínica.

A vergonha é uma experiência humana dolorosa, o que, talvez, seja a razão por que só recebeu escassa cobertura na literatura científica – pelo menos em alemão – no tempo do manuscrito de Jacoby. Desde então, apareceram numerosas publicações sobre o fenômeno da vergonha; poder-se-ia dizer, portanto, que o assunto já não é tratado com vergonha. Embora observando que o estudo sobre a vergonha tenha sido relegado às sombras, Jacoby não só esboçou suas reflexões sobre os aspectos negativos e dolorosos do fenômeno em seu livro, mas também afirmou que a vergonha tem importantes significados e propósito psicológico e social. Jacoby considerava a vergonha como a guardiã da dignidade humana.

A vergonha e as origens da autoestima é e permanece uma obra única e excepcional por várias razões específicas.

Primeira: Jacoby identifica a vergonha como arquétipo e, assim, situa a vergonha no âmago propriamente dito da psicologia analítica que, por sua vez, possibilita uma análise do fenômeno em contexto mitológico.

Na sequência de *Saudades do paraíso* (1980), Jacoby associa a vergonha simbolicamente a Eva e a Adão comendo a maçã proibida, à ira de Deus por causa da desobediência deles e à consequente queda do Paraíso. Doravante, estão ligados à realidade terrena; devem laborar, ganhar o próprio pão e padecer a dor. A autoconsciência foi despertada, e a capacidade de sentir culpa e vergonha veio com ela como um "presente". A humanidade é libertada de uma vida dirigida unicamente por instintos para uma liberdade parcial.

Combinando isto com uma visão da psicologia do desenvolvimento, poderíamos dizer que a criança é lançada para fora do Paraíso à medida que cresce sua percepção da mãe como o Outro.

Segunda: de uma perspectiva científica, o livro foi pioneiro. Jacoby ligou o desenvolvimento da vergonha e da autoestima às descobertas mais recentes da pesquisa com crianças de então. De modo especial, recorreu à obra de Daniel Stern.

O interesse de Jacoby pelo relacionamento entre o desenvolvimento da criança e a formação de um senso do si-mesmo e da autoestima continuou em seu livro *Psicoterapia junguiana e a pesquisa contemporânea com crianças* (1998/1999).

Terceira: conforme Jacoby menciona em seu prefácio, o livro baseia-se em suas origens pessoais: *Deliberadamente me deixei levar por minhas preocupações subjetivas – minha "equação pessoal". Com efeito, somente apresentando o que faz sentido para mim é que posso falar a outros de maneira convincente e crível.*

Isto pode ser visto na ênfase de Jacoby sobre o medo de ser envergonhado, particularmente o fenômeno destrutivo e neutralizador do medo do palco. Jacoby, ele também talentoso violinista, conhecia, ele próprio, o sofrimento do medo do palco.

Em outros pontos do livro, a *equação pessoal* está também claramente presente, como quando Jacoby relata a respeito de sua prática analítica. Há um paradoxo peculiar na prática terapêutica da análise: o psicanalisando é estimulado a revelar suas experiências e fantasias interiores e exteriores, com todos os seus aspectos sombrios, embora tal autor-revelação possa provocar ainda mais vergonha e medo. Jacoby descreve tais processos e reflete sobre eles no contexto clínico de modo extremamente empático e exato. Nestes esboços ele oferece ao leitor um discernimento detalhado das dinâmicas de seu trabalho como analista, revelando um estilo e atitude que são profundamente humanistas e interpessoais. Isto torna o livro uma valiosa inspiração para o profissional.

Quarta: entre os membros da comunidade junguiana, Jacoby foi o primeiro e o principal proponente da intersubjetividade que, embora só recentemente descoberta na psicanálise, é inerente à psicologia analítica de C.G. Jung. Jacoby, contudo, tornou explícita a intersubjetividade.

Naturalmente tem havido desenvolvimentos na psicologia relacional desde a primeira edição deste livro, sendo, talvez, o mais notável o famoso "O momento presente", de Stern.

Estudos contemporâneos sobre a vergonha fazem ligações com a pesquisa neurocientífica. A vergonha patológica, por exemplo, tem sido discutida a partir de uma perspectiva interpessoal, combinando-a com a pesquisa da neurociência. Outros desdobramentos devem ser encontrados na pesquisa em torno do trauma, onde os fenômenos neuropsicológicos do trauma e da vergonha são vistos como claramente vinculados.

Quinta: Jacoby é um notável representante de uma visão junguiana da psicologia do si-mesmo.

Jacoby estava profundamente interessado em como as diferentes escolas de psicologia do profundo compreenderam o impacto dos primeiros anos de vida e dos conceitos do si-mesmo, e, assim, tornou-se importante pontífice entre eles. A discussão teórica do fenômeno do *si-mesmo* e de suas muitas facetas continua entre essas escolas até os dias de hoje.

A vergonha torna-nos solitários. Com este livro, Jacoby também ofereceu uma forma de partilha e de consolação, enfatizando por toda parte que *você não está sozinho com seus sentimentos*.

Aqueles dentre nós que o conhecemos pessoalmente, reconhecemos seu jeito amável e personalidade sensível em seus textos. Muitos de nós pudemos aprender mediante o contato direto com ele e desfrutar de sua amizade. Por meio dos livros de Jacoby, podemos continuar a aprender com sua atitude humanista e analítica.

Somos extremamente gratos aos editores da série de clássicos pelo fato de terem decidido republicar este importante livro[1].

Marco Della Chiesa
Fevereiro de 2016

---

1. Este parágrafo faz referência à série *Edição clássica* publicada originalmente pela Routledge – Taylor & Francis Group.

Prefácio à primeira edição original

Foi ninguém menos que Georges Simenon, criador do magistral detetive Maigret, que me fez compreender por que eu me importo em partilhar com outras pessoas minhas lutas com o "sombrio" tema da vergonha. A percepção veio-me quando li o seguinte:

> Todo o mundo tem um lado sombrio do qual se sente mais ou menos envergonhado. No entanto, quando vejo alguém que se me assemelha, que partilha os mesmos sintomas, a mesma vergonha e as mesmas batalhas interiores, digo a mim mesmo: "Então, não estou sozinho nisso, não sou nenhum monstro".

Simenon, um psicólogo magistral e consumado autor de suspense, ajudou-me assim a ver que um livro sobre a vergonha poderia até mesmo ser um tipo de "psicoterapia" – não apenas para o autor, como usualmente é o caso, mas talvez bem assim para seus leitores. Ora, sou cético em relação a livros que se vendem a seus leitores com a aliciante promessa de torná-los mais felizes, mais saudáveis ou mais sábios. Tais conquistas exigem psicoterapia real, que pressupõe um encontro entre duas pessoas em carne e osso. Mesmo assim, à medida que lia as linhas de Simenon, descobri-me a pensar que talvez as pessoas que são afligidas pela vergonha possam encontrar um pouco de libertação ao ouvir a respeito de outras que sofrem tormentos similares, ou encontrar algum consolo ao saber que não estão sozinhas. Certamente, o desejo de esconder a própria vergonha – e aquilo de que se tem vergonha – é uma característica humana universal. A vergonha faz-nos sentir o chão fugir-nos sob os pés, faz-nos querer rastejar para um buraco e morrer. E então estamos realmente sozinhos.

Durante muito tempo me perguntei por que tão pouco se tem escrito sobre o tema da vergonha de uma perspectiva da psicologia do profundo. Hultberg manifestou a mesma perplexidade em 1988 em um ensaio eloquentemente titulado "Vergonha: uma emoção oculta". Entretanto, pesquisando um pouco mais, descobri que apareceu uma série de publicações relevantes em inglês, especialmente nos Estados Unidos. Estas me parecem de grande interesse e dignas de menção em minha bibliografia (Kaufman, 1989; Lynd, 1961; Tomkins, 1987; Lewis, 1971, 1987a, 1987b; Miller, 1985; Nathanson, 1987a; Izard, 1977; Sidoli, 1988; Wharton, 1990, e outros). Uma monografia psicanalítica de Leon Wurmser, titulada *The mask of shame* ['A máscara da vergonha'] (1981) merece referência especial. Contém uma exuberância de intuições profundas e sutis sobre a dinâmica inconsciente da vergonha, razão pela qual recomendo insistentemente a qualquer pessoa familiarizada com o pensamento e a terminologia psicanalítica.

Por outro lado, que eu saiba, não existe atualmente nenhum livro comparável ao que agora apresento. Ao escrevê-lo, deliberadamente me deixei levar por minhas preocupações subjetivas – minha "equação pessoal". Com efeito, somente apresentando o que faz sentido para mim é que posso falar a outros de maneira convincente e crível. Ao longo de muitos anos de prática como psicoterapeuta e analista junguiano, tornou-se-me claro que a vergonha ocupa um lugar central em nossa experiência emocional. Deste modo, frequentemente tenho avaliado a situação da vergonha na teia de nossa existência psicossocial como um todo. Tenho observado várias nuanças emocionais da vergonha em mim mesmo, em meus amigos e em meus clientes. Eu mesmo as padeci – ou vicária e empaticamente as sofri com os outros – antes de tentar analisá-las e encaixá-las em uma moldura psicológica. Naturalmente também li as obras de vários especialistas e nelas me inspirei. Neste livro, porém, pretendo mencionar apenas aquelas apreciações que têm sido mais significativas para mim do ponto de vista pessoal e profissional.

A vergonha tem muitas variações – toda uma família de emoções. Estas incluem não apenas sentimentos de inferioridade e humilhação, mas também acanhamento, inibição, embaraço, e assim por diante. Nem sempre é claro para a pessoa afetada que seus diferentes sentimentos são variações da única emoção da vergonha. Além das agudas experiências de vergonha que a pessoa afetada identifica como tais, há experiências de vergonha que resultam em sentimentos de ansiedade. Chamo a este fenômeno de "ansiedade decorrente da vergonha", e com isso quero indicar o medo de ser envergonhado pela própria falta, pelo próprio descuido, por circunstâncias adversas ou por "comportar-se de modo exageradamente assertivo" em relação a outras pessoas. Creio que estas são as variações de vergonha que se encontram mais comumente, seja na vida cotidiana, seja na prática da psicoterapia. Esta é a razão pela qual concedi à ansiedade decorrente da vergonha um lugar central em minhas reflexões.

A vergonha está intrincadamente ligada ao contexto social da pessoa. Gira em torno da questão de qual respeito eu gozo aos olhos dos outros e qual efeito eles têm sobre meu senso de valor como pessoa. Quanto mais duvido de minha própria autoestima, mais importantes se tornam as opiniões dos outros, e mais sensível serei ao menor indício de rejeição. Assim, acabei por acreditar que a falta de autoconfiança e autoestima é a causa raiz de uma suscetibilidade à vergonha. Qualquer psicoterapia que quiser tratar esta suscetibilidade deve começar por lidar com os sentimentos deficientes de autoestima.

Tendo chegado a esta percepção, descobri que devo mais uma vez imergir-me na complexa questão da autoestima e de suas origens. Meu interesse, aqui, foi atraído principalmente para o campo da pesquisa moderna com crianças, a qual explicitamente demonstra que há um forte vínculo entre nossos sentimentos de autoestima e o senso de valor que recebemos dos ambientes de nossa infância. As diversas formas de interação mãe-filho, tão vividamente descrita na literatura e na pesquisa com crianças, lembravam-me a cada momento a maneira como meus psicanalisandos e eu lidamos uns com os outros. A partir disso, concluí que há muito a ser aprendido com aqueles que fazem pesquisa com crianças acerca de como colocar-se em diálogo terapêutico com pessoas que sofrem de distúrbios de autoestima. Gostaria de agradecer calorosamente à Sra. Lotte Kohler, M.D., de Munique, por chamar minha atenção para tais pesquisas – especialmente para a obra de Daniel Stern.

Uma palavra a respeito de minha maneira de apresentação: como analista junguiano, compartilho com Jung a opinião de que uma ciência da psique jamais consegue abranger suficientemente a caleidoscópica riqueza e complexidade da alma vivente. Nenhuma afirmação psicológica pode jamais fazer jus a tal complexidade. Naturalmente, fiz todo esforço para ser o mais claro e concreto possível. Contudo, a bem da verdade psicológica, com demasiada frequência fui forçado a recorrer a expressões mitigantes como "poderia", "possivelmente", "talvez", "frequentemente" e "parece-me". De fato, muitas das configurações psíquicas em discussão "poderiam", "sob outras circunstâncias" e em "determinadas situações" ser bem diferentes – ou compreendidas diferentemente. Ademais, por causa da legibilidade, tomei a decisão levemente antiquada de não dizer a cada oportunidade que estou pensando em pessoas de ambos os sexos e que a elas desejo dirigir-me. Para mim, esta é uma pressuposição tão fundamental que não considero necessário lançá-la aos olhos do leitor a cada passo. Por conseguinte, espero não ser acusado de preconceitos patriarcais por recorrer aos pronomes "ele" e "lhe" ao referir-me genericamente a indivíduos.

Resta-me ainda expressar minha gratidão: a Davi Stonerstreet, editor da Routledge, por incentivar a versão deste livro em inglês; a Douglas Whitcher por seus esforços sinceros e prestativos na tradução do texto, e a Susan C. Roberts que, com suas habilidades editoriais cheias de sensibilidade, colocou-o em um estilo literário de inglês claro e fluente. Além disso, quero dirigir meus sinceros agradecimentos a meus psicanalisados. Sem a oportunidade de aprender com eles em mútuo relacionamento, jamais teria sido capaz de escrever um livro como este. Sou particularmente grato aos que me concederam a permissão de descrever breves episódios de suas sessões terapêuticas – omitindo todos os elementos desnecessários, a fim de proteger-lhes o anonimato. Meus agradecimentos são também devidos à minha esposa, Doris Jacoby-Guyot, por sua inestimável ajuda. Em sintonia com o espírito do livro, vencerei minha falsa vergonha a fim de expor-lhe minha íntima gratidão aos olhos do público. Assim, tendo em conta a afirmação de Simenon, eu espero, por todos estes meios, ter transmitido alguma compreensão do que é sentir vergonha e ansiedade decorrente da vergonha, a que estão ligadas e como é possível trabalhar com elas na terapia.

1
Fenomenologia da vergonha e da ansiedade decorrente da vergonha

Diferença entre vergonha e culpa

Começarei com a pressuposição de que tanto a vergonha quanto a culpa são geralmente humanas e dadas arquetipicamente, mas não é fácil fazer a distinção entre elas. Tendem a aparecer uma após a outra, de modo que identificar uma experiência como vergonha ou culpa se torna uma questão de interpretação. A seguinte analogia, simples e familiar, pode ajudar-nos a distingui-las. Os sentimentos de culpa fazem-me sentir-me como uma pessoa má porque fiz algo – ou talvez somente pensei em fazer algo – que não deveria ter feito. Mas também posso sentir-me mal se deixei de fazer algo que deveria ter feito. Sentimentos de culpa têm a ver com princípios éticos ou morais chamados "should-laws" ['normas obrigatórias'] em ética filosófica. É esclarecedor que em inglês o verbo "should" deriva etimologicamente dos termos do inglês médio *scholden, shulde, scholde, schulde,* e do anglo-saxão *scolde, sceolde,* significando "sou obrigado" (*Dicionário de Webster,* 1990). Por conseguinte, permaneço em dívida para com algum "should" ['deveria; obrigação'] cuja realização geralmente é considerada "boa". Isto levanta a complexa questão do bem e do mal, um problema que põe em jogo a consciência ou a autoridade intrapsíquica responsável por fazer tais distinções.

O que é diferente acerca do modo como a vergonha se manifesta? Em determinada intensidade, a vergonha tem o poder de fazer-nos sentir-nos completamente inúteis, degradados da cabeça aos pés, às vezes sem que tenhamos absolutamente feito algo de ruim.

Uma vez mais, é interessante lançar um olhar sobre a etimologia da palavra. Investigações etimológicas normalmente são de grande interesse psicológico, pois revelam associações e conexões que podem ajudar na interpretação psicológica. Etimólogos têm ligado a palavra inglesa moderna "vergonha" ['shame'] à raiz indo-germânica *kam/kem,* significando "cobrir". A ideia de cobrir-se com uma roupa parece ter estado implícita no conceito de vergonha durante muito tempo (Wurmser, 1981, p. 29). Posteriormente, a palavra "vergonha" foi também usada como referência oblíqua às "partes íntimas". A vergonha também está relacionada ao descrédito, e é amiúde usada na literatura – por exemplo, por Shakespeare – para indicar desonra:

Mas agora a desventura espezinhou
meu título,
E com desonra me pôs por terra.

Quando alguém cai em desgraça, resultando na perda da honra, é degradado ou aviltado, marcado por um estigma ou por uma mancha. Jane Austen escreveu sobre "uma desgraça que nunca poderá ser removida", e Shelly sobre "a marca da infâmia". Parece que a palavra vergonha, por algum tempo, tem sido associada a experiências de descrédito, humilhação e ofensa.

Conforme mencionei, há muita sobreposição entre vergonha e culpa. A culpa que alguém acumula pode colocá-lo em um vergonhoso fosso de descrédito e desonra. Pode-se também sentir vergonha da própria maldade. Contudo, o que é singular acerca do sentimento de vergonha é que nem sempre é uma reação a um comportamento anético. Alguém pode sentir vergonha por ter o cabelo ruivo, por ter uma constituição física pequena ou alta, por ser excessivamente corpulento. Atos criminosos ou negligência não são todos capazes de produzir o desdém da sociedade. A pertença a determinada raça ou família, por exemplo, pode também provocar um sentimento de inferioridade. Deste modo, a vergonha resulta da maneira pela qual todo o meu ser ou meu eu é avaliado – ou, mais precisamente, desvalorizado – não apenas pelos outros, mas por mim mesmo.

Os sentimentos de culpa aparecem quando eu cometo uma ofensa contra outra pessoa ou não consigo viver à altura de determinados padrões. No entanto, embora possa sentir-me envergonhado de meu comportamento anético, também posso sentir-me envergonhado por causa de minha inépcia ou do meu peso. Em qualquer caso, o sentimento de vergonha traz sempre uma perda de autorrespeito, ao passo que alguém que se sente culpado pode esperar corrigir erros.

Examinando mais minuciosamente, podemos perceber que frequentemente a vergonha é sentida como uma ofensa mais profunda do que a culpa. Deste modo, os sentimentos de culpa podem servir como uma defesa contra a vergonha. Por exemplo, quando alguém é abandonado por seu amante, existe – além da mágoa associada ao retraimento do amor – uma dolorosa perda de autoestima, a derrota de ter sido abandonado. Pode ser menos aflitivo buscar o que levou o relacionamento a romper-se do que imaginar que simplesmente não se era suficientemente atraente ou sensual. Se alguém simplesmente não fugir à dor culpando o outro, pode preferir pensar nas vezes em que foi culpado de magoar, abandonar e tratar seus amantes de maneira insensível. As confissões de culpa também mantêm a esperança de que os erros serão corrigidos, que todos serão perdoados. Todavia, o sentimento de que se é pessoalmente indigno do amor fere mais profundamente. Esta pode ser uma das razões por que tendemos a ouvir muito mais sobre culpa do que sobre vergonha.

Geralmente é possível negar os próprios sentimentos de culpa mediante culpabilização projetiva de outros, ou resguardando-se deles com uma postura compensatória de "defender meus direitos". Contudo, há também casos em que a vergonha serve como defesa contra a culpa – especialmente quando a culpa traz a possibilidade de castigo. Neste caso, a pessoa não assume nenhuma responsabilidade por atos específicos que provocaram sentimentos de culpa, mas simplesmente afunda em um pântano cheio de remorsos. Esta "postura de humildade" antecipa-se ao oponente, desencorajando-o, não lhe permitindo nenhuma reação senão a piedade. Aquele que ainda deseja penalizar o culpado, só chegará a sentir-se ele próprio culpado se persistir em processar um dócil penitente. Tal comportamento amiúde acontece inconscientemente como uma forma neurótica de defesa. Contudo, também pode ser uma tática empregada mui deliberadamente para desarmar o querelante. Um exemplo clássico da política foi o efusivo remorso de Nasser depois que o Egito perdeu a Guerra dos Seis Dias. O presidente lamentou por tanto tempo e de modo humilhante sua culpa por essa vexatória derrota que, no final, reconquistou o coração de seu povo.

Conforme mencionei, a vergonha surge quando nossa autoestima é desacreditada ou está sob ataque, seja a partir de dentro, seja a partir de fora. Cada um de nós tem dentro de si uma imagem parcialmente consciente do modo como queremos ser vistos – o assim chamado "ideal do eu". Quanto mais elevadas são as exigências de perfeição deste ideal do eu, tanto mais fácil será cair em sentimentos de inferioridade e vergonha.

Isto toca em um problema que será discutido com mais detalhes posteriormente. Por enquanto, resumamos o assunto da seguinte maneira: em sentimentos de vergonha, as exigências de nosso ideal do eu tornam-se dolorosamente conhecidas, ao passo que nos sentimentos de culpa os sinais aflitivos derivam de nossa consciência – nosso assim chamado "superego". Os sentimentos de vergonha estão ligados à fantasia de que fui exposto ao aviltamento, que fui desdenhado pelos outros e/ou por mim mesmo. O motivo operante por trás dos sentimentos de culpa, por outro lado, é que fiz algo que não era correto.

Além destas variações sobre culpa e vergonha, há estados psíquicos nos quais as duas emoções estão em conflito entre si. Por exemplo, estou pensando em um jovem para quem toda atividade sexual estava ligada a culpa e pecado. O problema revelava-se em sua incapacidade de alcançar o orgasmo durante o ato sexual e levava-o a evitar toda possível forma de relacionamento íntimo. Era óbvio que seu problema derivava de seu laço ambivalente com uma mãe extremamente puritana. O que o trouxe à psicoterapia, porém, foi o embaraçoso sintoma do enrubescimento. Toda vez que seus colegas estudantes começavam a falar sobre assuntos de natureza sexual, ele era acometido pelo medo de enrubescer. A análise mostrou que esse rubor ocultava duas ideias contraditórias e tormentosas. Em primeiro lugar, ele tinha medo de que toda pessoa com quem ele falasse suspeitasse de que ele tivesse uma ideia fixa centrada exclusivamente no sexo, quando, na verdade, ele sentia-se incomodado com o assunto e interiormente desaprovava-o como sua mãe o fizera. Ao mesmo tempo, ele tinha medo de que sua escassez de façanhas sexuais masculinas pudesse ser descoberta. Em segundo lugar, havia também sua vergonha de enrubescer, o que expunha seu problema.

O conflito subsequente foi incorporado em seu sintoma: de acordo com sua mãe rigorosa, religiosa, atos e fantasias sexuais eram pecaminosos. Se ele violasse sua santa regra que proibia o sexo, estaria pecando. Se obedecesse à sua regra, não somente reprimiria uma porção de sua energia instintiva, mas também submeteria a si mesmo à vergonha de ser menos homem do que os que o circundavam.

Wurmser descreveu um "dilema culpa-vergonha" (1988, p. 288) no qual a pessoa se sente culpada por separar-se dos pais e de seus mandamentos parcialmente internalizados – posto que tal separação seja decisiva para o desenvolvimento da própria personalidade. Em contraste com sentimentos que associamos tradicionalmente à busca por autonomia e separação, com muita frequência a pessoa se sente impotente, servil e vulnerável. Tais sentimentos de inferioridade, de estar despreparado para a vida, fazem a pessoa sentir vergonha não apenas diante dos outros, mas também diante de si mesma. Wurmser via a culpa e a vergonha como antitéticas. A culpa é uma reação à força e ao poder; a vergonha é uma reação à fraqueza e à impotência.

Assim, no exemplo acima, o homem que sofria de acessos de enrubescimento era afligido pela culpa sempre que começava a sentir-se intimamente forte e autônomo, sempre que começava a ignorar os mandamentos de sua mãe. Quando tais sentimentos de culpa ameaçavam a estabilidade de seu eu, ele sentia-se mais uma vez impotente e envergonhado de sua fraqueza.

Este exemplo leva-nos ao tópico de distúrbios emocionais que examinaremos mais profundamente mais tarde. Aqui eu estava interessado acima de tudo em apresentar alguns pensamentos sobre a distinção entre sentimentos de vergonha e de culpa.

Ansiedade e vergonha

A ansiedade também desempenha amplo papel em relação à vergonha, conforme se pode ver quando falamos do medo de fazermos papel de bobo ou de sermos surpreendidos em situações embaraçosas ou vergonhosas. Embora Freud não tenha proposto uma teoria aprimorada sobre a vergonha, ele estava profundamente interessado nos antecedentes psicológicos da culpa. Em sua opinião, a culpa era uma subespécie da ansiedade moral que é criada pela consciência, o "superego" (Freud, 1923). Assim, a ansiedade é o gênero – a emoção principal – e a culpa e a vergonha são espécies dela derivadas. A culpa e a vergonha são aspectos específicos do multiface fenômeno da ansiedade.

O que é a ansiedade? Até onde nos é dado saber, a ansiedade é uma invenção da natureza cuja meta é proteger a vida. Podemos não ser capazes de determinar se uma mosca conhece ou não a emoção da ansiedade, mas se damos a caça a uma desagradável mosca doméstica para matá-la, ela fará hábeis manobras para escapar, comportando-se como se conhecesse o medo. Isto pode até levar-nos a ter pena; de fato, provavelmente é devido a essa empatia projetiva e à ansiedade associada a ela que algumas pessoas são incapazes de fazer mal a uma mosca. Pelo menos podemos dizer que a mosca tem um mecanismo de fuga inato que corresponde a um padrão de resposta que nos humanos está ligado a emoções de ansiedade. A ansiedade é claramente uma emoção no limiar entre a vida e a morte. Quantas vezes os deprimidos e cansados da vida não disseram que de bom grado poriam fim às suas vidas se pelo menos não tivessem tanto medo de fazê-lo?

Contudo, a ansiedade humana não funciona apenas para defender nossa sobrevivência concreta e física; ela também aparece quando a autonomia do eu e a necessidade de controle estão ameaçadas. Animais selvagens exibem um comportamento que interpretamos como reação de ansiedade (ou seja, a fuga), mas somente nos casos de ameaça física. Por outro lado, nós, seres humanos, somos capazes de precaver-nos na imaginação contra ampla variedade de situações que provocam ansiedade, visto que a consciência engloba a dimensão do tempo, forçando-nos a confrontar a incerteza do futuro. Antigamente, Aristóteles definiu a ansiedade como "desprazer ou inquietação que surge da ideia de um infortúnio iminente, destrutivo, ou de uma enfermidade que traz desprazer" (apud Blaser & Poeldinger, 1967, p. 12). Por fim, a ansiedade está ligada ao conhecimento de nossa vulnerabilidade a todos os tipos de incógnitas e riscos inerentes à vida. Nós excogitamos medidas individuais e coletivas para salvaguardar-nos contra tal risco – inclusive seguros contra doença, velhice, desemprego e outras eventualidades. De fato, conforme observa corretamente o psiquiatra Kurt Schneider:

> Tendo em vista a natureza do ser humano, temos mais necessidade de explicações para o fato de que os humanos geralmente não têm nenhuma ansiedade do que para o fato de que às vezes a têm (Schneider, 1959, p. 28).

Na realidade, pode-se bem perguntar se nossa cultura – incluindo tanto seu lado luminoso quanto o obscuro – está amplamente baseada na tentativa de lidar criativamente com a ansiedade.

Os sentimentos de vergonha podem ser qualitativamente diferençados dos de ansiedade, mas também podem ser vistos como uma forma particular de ansiedade. Por outro lado, a ansiedade está sempre agindo quando nos precavemos contra situações potencialmente geradoras de vergonha. Este é o caso da ansiedade por causa de uma prova, o medo do palco, o receio do encontro com pessoas importantes, ou certas formas de ansiedade sexual. É a ansiedade associada à perspectiva de cair em situações vergonhosas no futuro próximo ou distante.

No caso da ansiedade por causa de uma prova, está claro que não ser aprovado em um exame pode ter consequências reais, que afetam negativamente as oportunidades da carreira de alguém. Este é, no entanto, apenas um aspecto. O medo de fracassar, de ter de sentir-se um idiota contribui para nossa ansiedade pelo menos tanto quanto.

De fato, o medo de ficar aquém das próprias expectativas, bem como das expectativas do próprio professor é que leva, o mais das vezes, a um aflitivo autodescrédito.

Entretanto, exames geralmente fazem parte de condições que devemos preencher; não os buscamos como ocasiões para expor-nos. Tanto pior é o efeito do medo do palco que acomete os que especificamente desejam estar sob a ribalta. Líderes de grupo de discussão, os que fazem discurso de saudação, atores, músicos, palestrantes, todos sujeitam-se à expectativa de que têm algo a oferecer que vale a pena ser ouvido ou visto pelo público. Quando malogram, sua desonra é intensificada pela vergonha de ter sua alta opinião sobre si mesmos revelada para que todos vejam.

Na mesma linha, a ansiedade associada à impotência ou à frigidez não é de forma alguma tão dolorosa devido à insuficiência de satisfação sexual que ela provoca quanto a vergonha que traz – a de ser vista pelo próprio parceiro como uma nulidade, de não sentir-se um homem ou uma mulher completos.

Por conseguinte, a ansiedade decorrente da vergonha gira em torno da questão: serei capaz de corresponder às expectativas dos outros ou às minhas próprias? Serei bem-sucedido, serei comparado a um professor, superior ou amante? Ou sofrerei uma derrota e serei vergonhosamente humilhado?

O medo de experiências que causam vergonha pode também levar à formação reativa que consiste em acanhamento e inibição. Tal disposição à timidez esconde uma tendência a reagir com sentimentos de vergonha a ocasiões que poderiam ser, de alguma forma, embaraçosas. Sempre que possível, tais pessoas evitam situações que têm toda a probabilidade de provocar vergonha. Elas acham que é melhor guardar silêncio do que arriscar-se a fazer um comentário inoportuno que poderia chamar atenção vergonhosa sobre si mesmas. O famoso dito latino: "Si tacuisses, philosophus fuisses" ("Se você tivesse refreado a língua, teria permanecido um filósofo") explica uma justificação desta forma de defesa. A pessoa receia tornar-se vulnerável, destacar-se na multidão, tomar iniciativa, visto que tais ações expõem ao risco de revelar sua ignorância e de levá-la à perda da autoestima e da estima dos outros. Ao mesmo tempo, pode ser igualmente penoso permitir que outros vejam que você é uma pessoa tímida, sem nada a dizer, alguém que não mostra o seu valor. Neste sentido, pode ser vergonhoso não ser notado, ficar à margem, sentir-se como uma insignificância sem influência. Desta forma, começa-se um círculo vicioso: o medo de uma vulnerabilidade vergonhosa produz timidez, e os sentimentos de timidez produzem vergonha.

A análise psicológica revela que sob tais ansiedades e inibições muitas vezes se encontra uma grande necessidade de ser visto, amado, até mesmo admirado. Esta necessidade pode ser tanto mais aguda por ter passado por frustração, rejeição ou até mesmo escárnio quando se era criança. Assim, pode estar associada a antigas feridas psicológicas bem como ao estar constantemente exposto a novas. Ao mesmo tempo, o eu pode recear a força de tais necessidades, rejeitando-as, negando-lhes o direito mesmo de existirem. Isto significa que o eu assume o papel das figuras parentais que por primeiro desprestigiaram tais necessidades. Estou falando aqui do sofrimento psíquico que hoje se inclui na categoria das "desordens narcisistas". Voltaremos a este tópico em um capítulo posterior.

Como a vergonha nos afeta

Até agora, vimos falando da ansiedade decorrente da vergonha, do medo de situações que suscitam vergonha e dos efeitos da vergonha. Em grande medida, a própria expectativa que provoca ansiedade é que suscita os acontecimentos vergonhosos do enrubescimento, do estremecimento, do discurso inibido, da impotência etc. As ansiedades limitam nossa liberdade e prejudicam nossa capacidade de sintonizar-nos com as exigências de determinada situação. Elas forçam-nos a continuar a observar-nos todo o tempo. Por exemplo, a expectativa ansiosa de impotência ou de frigidez distrai a atenção da pessoa de seu parceiro. O subsequente foco em si mesmo apenas enfraquece ainda mais a reação sexual. Similarmente, a vigilância ansiosa sobre si mesmo contra um comportamento insensato, uma voz vacilante ou um aperto de mão bloqueia toda espontaneidade. A pessoa torna-se desajeitada, inibida, insegura e autoconsciente. Isso pode levar a um agudo sentimento de vergonha, a sensação de afundar em um poço onde todos os demais – imaginários ou reais – verão sua miséria e zombarão ironicamente.

As experiências mais traumáticas de vergonha normalmente acontecem na infância e a miúdo deixam uma sensação de derrota emocional que persiste pelo resto de nossas vidas. Por exemplo, um homem de 55 anos de idade não gostava de cerejas porque elas lhe recordavam um contratempo vergonhoso que aconteceu quando ele tinha dez anos durante uma excursão escolar. Sua mãe, sem pensar, dera-lhe cerejas para levar consigo, posto que seja do conhecimento de todos que cerejas, combinadas com água de bebedouro, frequentemente provocam diarreia. De volta para casa, no trem, esta combinação fez efeito de modo bastante repentino. Todos os sanitários disponíveis estavam ocupados naquele momento decisivo, e assim, com uma rajada medonha, aconteceu o acidente enquanto o menino estava de pé bem no meio do corredor do trem. Como um raio, ele desapareceu dentro de um pequeno sanitário que havia sido desocupado, e mesmo depois de ter chegado à parada final da viagem, não conseguiu ser persuadido a abrir a porta e sair, apesar de a professora bater insistentemente à porta, ameaçando, suplicando e prometendo alguma coisa. Finalmente, ele foi retirado por um funcionário da ferrovia munido de uma chave, e assim, não houve misericórdia para com o menino, nem algum jeito de evitar o temível corredor polonês. Toda a classe havia esperado por ele, e quando ele saiu do trem, atormentaram-no com gritos de "Hosenscheisser" (caga-calças, suja-calças). Quando ele chegou a casa, com as calças sujas, malcheirosas, imediatamente sua mãe entregou-se a uma insultuosa crítica acerba, lamentando a terrível desonra que ele trouxera à família, e depois, enfiou-o desdenhosamente na banheira. No dia seguinte ele se negou a ir à escola. Embora a professora tivesse proibido qualquer um de usar o nome "Hosenscheisser", sempre que o riso irrompia na classe, o menino imediatamente imaginava que seus colegas estariam se divertindo à sua custa. Em breve ele foi para uma nova escola e pôde baixar a guarda. No entanto, no fundo de sua mente, ele temia que seus novos colegas pudessem ter sido iniciados no segredo de sua desonra por alguém de sua antiga e conhecida turma. Nos anos vindouros, esse homem continuou a enxergar-se como um "Hosenscheisser" – um golpe traumatizante em sua autoestima. Atualmente, a memória do acontecimento ainda está ligada a sentimentos de humilhante embaraço.

Um homem de 45 anos de idade não consegue esquecer o seguinte acontecimento vergonhoso que ocorreu quando ele tinha catorze anos. Como filho de "pessoas mais abastadas", fora enviado a uma escola de dança; no entanto, sua inépcia no salão o fez sentir-se rejeitado por seus parceiros. Na escola, havia uma menina loira que se tornou objeto constante de seus pensamentos e esperanças. Contudo, faltava-lhe a coragem para falar-lhe diretamente. Assim, em vez disso, depois de muita hesitação, enviou-lhe uma apaixonada carta de amor. Tão logo acabara de enviá-la, foi acometido pela vergonha, pensando em como ela poderia ter dado risadas irônicas quando a leu. O tormento de tais fantasias foi quase suficiente para apagar a chama de seu amor. Quando, conforme esperado, ele não recebeu nenhuma resposta, evitava todo contato com ela, visto que tudo o que ele podia imaginar era o escárnio dela. Isto não o impediu de fazer visitas periódicas à vizinhança dela, na esperança de vê-la de relance. Mas quando a via a distância, rindo com as amigas, tinha a convicção de que ela estava falando a respeito de sua carta.

Ambas as experiências que acabei de descrever implicaram áreas nas quais uma pessoa é particularmente suscetível à vergonha. O primeiro caso, que envolve a zona anal, torna-se mais intenso por uma educação que enfatiza a limpeza como importante medida de socialização. O domínio do músculo do esfíncter indica que a criança atingiu certo grau de autonomia; é, conseguintemente, fonte de orgulho. A perda do controle – especialmente diante dos próprios colegas – significa regressão e insuportável humilhação. De maneira claramente visível, a pessoa afundou não somente ao nível de um bebê, mas ao de um "porco sujo", um *Hosenscheisser*. O segundo caso envolveu os primeiros sentimentos eróticos de um adolescente e a confissão de suas carinhosas fantasias. Tal como aconteceu, descrever aqueles sentimentos em uma carta era um risco demasiado grande – tendo em vista a idade do menino. A zona erótica em definitivo provoca um desvelamento literal – mas também produz uma vulnerabilidade correspondente.

O episódio seguinte é outra memória indelével de uma experiência de vergonha, neste caso envolvendo uma questão ética. Quando tinha treze anos de idade, um analisando pegou uma moeda de cinco francos que pertencia à sua mãe e que estivera jogada sobre uma mesa. Uma jovem empregada foi considerada responsável pelo furto, não obstante seus protestos de que não era culpada. O menino não teve a coragem de confessar seu malfeito e, de fato, negou-o tão obstinadamente que a empregada foi demitida. Trinta anos depois, o menino ainda lembrava do olhar recriminador e ao mesmo tempo suplicante que ela lhe lançou quando lhe foi pedido para ir-se embora. Aquele olhar se tornou a imagem de sua culpa e vergonha por ter sido tão covarde.

Tais experiências de intensa vergonha frequentemente deixam vestígios dolorosos. Conforme escreveu o poeta inglês John Keats: "As horas mais infelizes de nossa vida são aquelas nas quais lembramos o enrubescimento passado – se somos imortais, o inferno deve ser assim" (apud Hultberg, 1988, p. 115).

Muitos de nós conhecemos bem até demais aquelas noites insones em que somos açoitados pela memória de nos termos passado miseravelmente por idiotas: como é que pudemos ter-nos comportado de maneira tão insuportável, perdendo tão completamente o controle? Como é que pudemos ter falado continuamente acerca de coisas que não eram da conta de ninguém? O limiar da vergonha é, obviamente, diferente para cada pessoa. Com que rapidez nos sentimos envergonhados e com que intensidade, afinal de contas, depende da medida de tolerância que somos capazes de concentrar para nossos próprios lados sombrios. Mas aqui já estamos entrando no assunto de como lidar com a vergonha, o qual foi reservado para um capítulo posterior.

A vergonha da nudez corporal

A história bíblica do Paraíso nos conta que Adão e Eva sentiram vergonha um do outro tão logo tiveram consciência de sua nudez. O fruto da Árvore do Conhecimento abriu-lhes os olhos para a própria nudez, a qual se tornou uma imagem para a experiência original da vergonha. Foi igualmente a vergonha que levou Adão e Eva a tecerem folhas de figueira a fim de esconderem a nudez.

Esta antiga imagem levanta a questão de se é um aspecto arquetípico da natureza humana esconder os órgãos sexuais – chamados de "vergonhas" em muitas línguas – por trás de algum tipo de avental ou de tanga. Tal tendência à vergonha – paradoxalmente – é natural para os seres humanos, até mesmo inata? Ou é resultado da educação e da moral de uma sociedade puritana?

Em seu livro *Zoology of the Human* ['Zoologia do Humano'] (1971), o biólogo J. Illies escreve que este motivo da folha de figueira com tanga ou artefato que dissimula deve ser encontrado em quase todas as sociedades, até mesmo nas "primitivas". Ele considera o sentimento de vergonha como a motivação para este velamento. Também observa que, de acordo com a psicologia contemporânea da criança, pessoas jovens começam a demonstrar um impulso para ocultar sua nudez como um estádio normal de maturação, além do reconhecimento das diferenças de sexo. Ele imagina que a vergonha em torno da expressão física direta de gênero tenha seu começo no final da fase edipiana, ou por volta dos cinco anos. Embora seja possível suprimir este impulso à vergonha mediante a educação, geralmente é verdade que a nudez já não tem a ver com a inocência natural no tempo em que o estado de consciência dos cinco anos de idade já foi alcançado. A falta de inibição ao olhar para a nudez de adultos do sexo oposto, de acordo com Illies, não é sinal de que um impulso natural do sexo foi libertado, mas antes um sinal de que foi reprimido por meio de entorpecimento ou negação. Em suas palavras:

> Se alguém colocasse crianças entregues a si mesmas em uma ilha solitária a fim de permitir-lhes crescer conforme a natureza de sua espécie, livres de todas as influências repressoras da sociedade, elas reinventariam a tanga na idade dos cinco anos porque teriam muita necessidade dela para que pudessem chegar à puberdade de modo emocionalmente sadio, protegidas; assim, elas seriam capazes de tirá-la quando, em um encontro pessoal, escolhessem desistir da posse da vergonha conservada em segurança e entregá-la a seu parceiro (Illies, 1971, p. 134).

Illies, que era biólogo e etólogo, mesmo assim soa um tanto moralista e irrealista nesta passagem. O "encontro pessoal" no qual se põe de lado a própria vergonha em favor da intimidade, por mais desejável que seja, geralmente não é alcançado tão facilmente. Os processos de desenvolvimento que ajudam a integrar a própria sexualidade e aptidão para o amor são muito mais complicados e facilmente perturbados.

Obviamente nos perguntamos como seria se crianças, sem a influência de convenções sociais, devessem crescer em uma ilha solitária. É uma questão acerca de quais aspectos do comportamento são inerentes à espécie, uma questão a respeito da natureza do ser humano e de suas predisposições arquetípicas. Contudo, o conceito de ilha solitária não nos ajuda muito a responder a esta questão, pois crianças não podem crescer sozinhas e livres de influência, visto que, por sua própria natureza humana, têm grande necessidade do cuidado e da orientação de adultos. E isto sempre faz com que as influências sociais sejam igualmente pré-programadas. Faz parte de nossa natureza sermos animais sociais que vivem e criam sua cultura.

Até que ponto a vergonha da nudez é um aspecto arquetípico da natureza humana? Em que medida é produto de normas sociais que são interiorizadas pelo indivíduo? Para tratarmos destas questões, empregaremos o método da "amplificação", conforme recomendado por Jung. Originalmente, Jung usou este método de enriquecer e aprofundar um tema da imaginação como prova de sua hipótese dos arquétipos do inconsciente coletivo. Ao descobrir temas paralelos e significados simbólicos em várias épocas e sociedades completamente livres de influência recíproca, ele pôde encontrar apoio para a possiblidade de que estivesse lidando com predisposições psíquicas geralmente humanas. Por esta forma, embora este método possa não oferecer um resposta definitiva à questão de se determinada faceta do comportamento é comum a todos os membros da espécie humana, pode, no entanto, alargar nossos horizontes para fazermos ligações interpretativas.

Assim, gostaria de discorrer sobre algumas ideias que ao longo da história giraram em torno do tema da nudez corporal e dos órgãos reprodutores humanos. Talvez, então, cheguemos mais perto de uma compreensão psicológica da vergonha da nudez.

Sabe-se bem que a nudez frequentemente ocorre em sonhos. Na maioria de tais sonhos, o sonhador experimenta a nudez como incômoda e embaraçosa – especialmente quando o sonho não implica conteúdo manifestamente sexual, mas antes, diz respeito à própria nudez sendo exposta para que todos vejam. É digno de atenção que as noções coletivas acerca do estar nu e desnudar os genitais não enfatizam primariamente a esfera sexual, pelo menos não claramente. Contudo, sempre se atribui aos genitais um significado especial – tornam-se a base de fantasias do que é extraordinário. Em nenhum lugar da história cultural encontramos realmente uma naturalidade puramente prosaica em relação à esfera sexual. Se tal "naturalidade" fosse a característica definidora de sociedades da natureza não civilizadas, teríamos de concluir que jamais houve povos selvagens ou "naturais", primitivos ou não civilizados – pelo menos dentro dos últimos quarenta mil anos (Duerr, 1988, p. 12). Em outras palavras, não parece inteiramente "natural" que os seres humanos se comportem "naturalmente" em relação à sua "natureza" física.

Para ampliar esta postura em relação à nudez corporal, recorrerei a várias fontes, incluindo o *Dicionário de superstições alemãs (Handwörterbuch des Deutschen Aberglaubens,* Bächtold-Stäubli, 1927), cujo artigo sob o verbete "nudez" tem algo em torno de cinquenta páginas. Consultei também o *Pequeno Dicionário Pauly da Antiguidade (Der Kleine Pauly. Lexikon der Antike,* 1979), assim como o supracitado *Nudez e vergonha (Nacktheit und Scham),* de Duerr, que contribui com grande quantidade de informações. Obviamente aqui disponho de espaço para reportar apenas alguns exemplos.

Em muitas sociedades, a revelação da nudez era usada para punir adúlteros. Na Rússia, os camponeses atavam mulheres adúlteras despidas a arados que lavravam o solo. Conforme escreveu Bächtold-Stäubli:

O castigo para o adultério com a exibição vergonhosa dos "aidoia" está baseado na antiga tradição de humilhar e desonrar o oponente mediante a exibição (Bächtold-Stäubli, 1927).

O próprio autor sente a vergonha aqui implicada, conforme o indica o uso que faz de uma palavra grega pouco familiar, *aidoia*, para os órgãos sexuais. Traduzida literalmente, esta palavra significa "vergonhas" (de *aidos*: vergonha). Na Babilônia e no Egito, muitas esculturas retratam o inimigo despido. Os judeus antigos consideravam um crime hediondo desnudar as próprias "vergonhas" diante de Yahweh, e o mesmo tema aparece claramente na vida de Maomé. (Ainda é proibido entrar em uma sinagoga sem cobrir-se a cabeça. Na mesma linha, o Deus dos cristãos – especialmente católicos – não gosta de ver turistas vestidos indecentemente em suas igrejas, por exemplo, usando bermudas ou camisas sem mangas). Embora em procissões cultuais a nudez possa ser um sinal de humildade, na cultura cristã a completa nudez em peregrinações foi substituída em um estádio anterior por pés descalços e cabelos soltos.

Na antiguidade, por outro lado, as cerimônias da Primavera incluíam boa dose de atividade erótica e orgiástica em honra dos deuses. Determinados deuses na Grécia antiga eram responsáveis pela esfera erótica da vida – pensamos em Afrodite,

Dionísio, Hermes e Príapo, este último identificado pelo falo com o qual é representado. Contudo, nos tempos homéricos, havia claramente vergonha da nudez – até mesmo os atletas usavam algum cobrimento para seus exercícios. Posteriormente, nos tempos pós-homéricos, homens e mulheres que tomavam banho juntos usavam um tipo especial de roupa de banho. Depois, novamente, a julgar pelas evidências de Esparta e Creta, a nudez continuou em tempos arcaicos entre homens nos esportes. Tal nudez claramente expressava orgulho e alegria pelo próprio corpo. A contemplação devocional do corpo em ação contribuiu vitalmente para o florescimento da arte grega – pensamos, por exemplo, em Praxiteles, no século V a.C. Isso, no entanto, só era verdadeiro para o corpo masculino. Quando o corpo feminino era retratado, normalmente o era por razões cultuais.

A propósito dos famosos atletas gregos nus, livres da vergonha, fazendo seus exercícios no "ginásio" (do grego *gymnos*: nu), Duerr concluiu que até mesmo ali, os sentimentos de vergonha seguiam determinadas regras. Era altamente impróprio permitir que a glande do pênis fosse vista; devia ser conservada coberta pelo prepúcio o tempo inteiro. Ao fazerem exercícios atléticos, os homens puxavam o prepúcio sobre a glande e amarravam-no com um cordão. Para os gregos, um prepúcio curto era sinal claro de uma vida sexual dissoluta.

Desta forma, quando os judeus começaram a aparecer nos exercícios, seus pênis circuncidados tornaram-se fonte de profunda vergonha. Conseguintemente, cogitou-se que os judeus só participariam dos jogos olímpicos de Tiro se seus prepúcios fossem reconstituídos. Existem operações especiais para isto, conforme descreveu o médico Galeno (Duerr, 1988, p. 19). Deve-se lembrar também que as mulheres estavam proibidas de olhar para os atletas nus; o fato de os etruscos o terem permitido provocou algum escândalo (Duerr, 1988, p. 18). No que tange aos atenienses, a assim chamada "nudez" das jovens espartanas era continuamente escandalosa. Na realidade, elas não estavam absolutamente nuas enquanto se exercitavam, mas usavam uma túnica curta (um tipo de saia) que ainda escandalizava os atletas porque não cobria nem suas coxas nem ambos os seios. Uma exceção parece ter sido a "nudez ritual" das Arktoi, as jovens ursas. Estas eram meninas pequenas, bem como algumas jovens mais velhas, no limiar da adultidade, que deixavam cair ao chão suas túnicas durante o ritual de maturação. Contudo, nada indica que este desnudar-se acontecia na presença de homens (Duerr, 1988, p. 21). Duerr chegou à conclusão de que "a Grécia clássica – já para não falar dos tempos homéricos – não era nenhuma Arcádia de nudez masculina livre da vergonha, como tem sido afirmado idealisticamente muitas vezes desde o Renascimento" (Duerr, 1988, p. 19). Quanto aos romanos, consideravam a nudez atlética inequivocamente ofensiva. De acordo com Plutarco, Rômulo parece ter ordenado a pena de morte para qualquer pessoa que aparecesse nua publicamente.

Os limites da vergonha não eram necessariamente mais lassos nos costumes de banhar-se nus no Japão do século passado, ou na sauna finlandesa, de acordo com Duerr. Nestas e em outras situações, pressupunha-se que a pessoa se precaveria do "olhar indiscreto", conservando os próprios olhos longe dos órgãos sexuais de outros banhistas. Práticas semelhantes foram reportadas entre tribos das assim chamadas "sociedades da natureza", cuja vida social se desenvolve em completa nudez. Entre os Kwoma, que vivem sem roupas nas montanhas Peilungua, ao norte de Depik, até mesmo meninos pequenos eram castigados se fossem surpreendidos olhando para os genitais de uma mulher ou de uma menina. O nome que a tribo usa para denominar a vulva corresponde exatamente à expressão "partes íntimas", em inglês. Se um homem olhasse diretamente para elas, presumia-se que ele estava fazendo uma tentativa de sedução e era punido pelos parentes da mulher em questão (Duerr, 1988, p. 135).

Estes poucos exemplos confirmam a hipótese de que a prática da nudez dificilmente implica ausência de vergonha. Em alguns antigos livros de sonhos, a nudez em sonhos é vista como um sinal de ameaça, possivelmente até mesmo ameaça de morte. Consoante a um ensinamento indígena, sonhar que se está repentinamente sem roupas, de modo que as próprias "vergonhas" sejam vistas por todo o mundo, pressagia a revelação de um segredo que terminará em desonra e derrota. Conforme ensinamentos persas e egípcios, uma mulher que sonha despindo-se completamente trairá seu marido e será detida (Bächtold-Stäubli, 1927).

Wickler descreveu outra ideia que gira em torno do órgão masculino (1973, p. 248). Este etólogo observou que alguns dos macacos superiores tentam impressionar seus inimigos exibindo agressivamente o pênis e o escroto. Isto serve como demonstração da posição deles na hierarquia e como um gesto de ameaça. Entre os babuínos, por exemplo, alguns membros masculinos servem como sentinelas. Enquanto o grupo come, as sentinelas sentam-se na borda externa, com as pernas afastadas, de costas para o grupo. Se membros de outro grupo se aproximam, a sentinela mostra o pênis ereto com a intenção de afugentar os intrusos e proteger seu próprio grupo. Wickler via este comportamento ligado às figuras fálicas descobertas na Grécia e na Indonésia, que não simbolizavam apenas fertilidade, mas também serviam como guardiães contra espíritos maus.

A "nudez militar", descoberta principalmente em Esparta, mas também em Corinto e até mesmo, em certa medida, entre os exércitos de Alexandre o Grande, claramente tinha significado semelhante. Soldados de outras regiões também lutavam nus, ou pelo menos da cintura para baixo. De acordo com Duerr, determinado desenho antigo de um cavaleiro dá azo à crença de que os soldados da antiguidade às vezes confiavam no desnudar do pênis para ameaçar seus inimigos.

Para Duerr, aqueles que se lançavam à "nudez militar" eram pessoas que haviam sido expulsas e, portanto, estavam fora dos limites da civilização. Eram os selvagens, tornados impuros por haverem derramado sangue. No entanto, poder-se-ia igualmente interpretar este fenômeno como um padrão de exibição fálica. Na imaginação, o pênis pode estar revestido de onipotência mágica, de modo que a visão dele incutia medo no inimigo. Aqui podemos mencionar a prática de alguns povos arcaicos que, nada obstante possam não ter colocado à mostra seus órgãos masculinos nus, cobriam-nos com tapa-sexos para fazê-los parecer extragrandes, ostentosos e ameaçadores. Dentro do mesmo espírito, soldados europeus costumavam carregar suas espadas – o orgulhoso atributo da coragem viril militar – como pênis eretos.

Em nossos tempos, às vezes manifestantes aparecem nus a fim de provocar escândalo público. Mesmo em uma cidade tão convencional quanto Zurigo, manifestantes jovens correram, completamente nus, pela famosa Rua da Estação há alguns anos. Acima de tudo o traseiro nu é que é apresentado como gesto de desdém – um gesto obviamente ligado a vários epítetos verbais respeitantes à zona anal ou ao ânus.

Em resumo, direi que, por toda a cultura humana, a nudez assumiu vários significados incomuns que podem ser mutuamente contraditórios. A nudez está relacionada, de um lado, à humilhação de ser despido; de outro, à vontade de poder e de domínio. Na cultura judaico-cristã, despir-se diante de Deus é um pecado descarado. Contudo, como uma questão de penitência, aparecer "nu e despojado diante de Deus" pode ser sinal de profunda humildade. A nudez cultual era uma exigência em antigos ritos de iniciação, os quais comumente tinham o sentido de um renascimento simbólico. Era também importante para os deuses gregos dos cultos mistéricos que os participantes estivessem nus, tal como se acreditava que o deus indiano Shiva desejava que as danças para ele fossem realizadas sem roupas (Bächtold-Stäubli, 1927).

A nudez corporal não está exclusivamente associada à sexualidade e aos impulsos parciais de voyeurismo ou exibicionismo – pelo menos não no nível manifesto. Contudo, está claro que o potencial de atração sexual na nudez física é uma das causas mais importantes da vergonha. Para qualquer sociedade, é importante manter sob controle a desenfreada instintualidade e redirecionar a sexualidade para condutas civilizadas. Ao mesmo tempo, os limites da vergonha são determinados pela moral e pelos costumes que expressam atitudes coletivas em relação à sexualidade. Ultrapassar tais fronteiras é impudência e traz desonra.

A moral e os costumes que regulam o comportamento sexual estão muitas vezes ligados ao domínio cultual. Daí a interpretação de que a permissão da deidade precisava ser obtida antes que alguém satisfizesse a lascívia animalesca. No entanto, tal intepretação é insatisfatória, visto que a união sexual também pode ser experimentada como um mistério, por exemplo, como o matrimônio cósmico de opostos. Um exemplo seria a instituição oriental antiga da "prostituta sagrada" com quem um estrangeiro podia passar uma noite no templo a fim de celebrar o "matrimônio sagrado" (Qualls--Corbett, 1988). A prostituta sagrada era distinta da prostituta profana, que oferecia seu corpo por remuneração e era objeto de desonra e discriminação em todos os níveis da sociedade (Qualls-Corbett, 1988, p. 37ss; Duer, 1988, p. 300). Na tradição judaico-cristã, um matrimônio devia ser abençoado diante de Deus a fim de que a sexualidade fosse vivida de maneira permissível e não como "pecado impudico". No catolicismo, teve de ser elevado até mesmo à categoria de sacramento. Entre os gregos, os próprios deuses inspiravam o amor e a sexualidade. Entretanto, cada deus reinava dentro de uma esfera que era apenas uma entre muitas, e que podia, portanto, entrar em conflito com outras. Nenhum único deus era poderoso além de todos os limites. Têmis, a deusa da boa moral, tinha uma palavra a dizer sobre o assunto também.

Provavelmente, em todos os seres humanos há um limiar arquetípico cuja transgressão provoca uma reação de vergonha. A maneira pela qual esta soleira da vergonha funciona – as sanções às quais está ligada, se ela é rígida ou flexível, inferior ou superior – é, em cada caso, uma questão de atitudes coletivas e individuais, e da tolerância dos tempos. Por exemplo, a cultura nudista é mais ou menos tolerada hoje no Ocidente. Isto não significa, porém, que em alguns lugares os nudistas não sejam olhados de esguelha; às vezes os nudistas têm sido até mesmo vítimas de ataque físico. Os nudistas primitivos eram adoradores do sol, membros de um culto "de regresso à natureza". Eles eram de opinião "que impulsos sensuais brutos podiam ser supressos pela contemplação da nudez pura e inocente" (Duerr, 1988, p. 150). Naturalmente, o fato de que os nudistas cultivavam rígida disciplina a fim de evitar qualquer possível excitação sexual (Duerr, 1988, p. 150) levanta a questão de se eles estavam realmente praticando formas de vida "naturais". Hoje, as atitudes em relação a tais assuntos estão um pouco menos austeras. A divisão temerosa e inibida entre nudez e erotismo está-se tornando muito mais rara. Desta forma, algumas praias de nudismo têm-se tornado centros para pessoas com tendências exibicionistas ou voyeuristas.

Contudo, a nudez à luz do dia e no calor do sol normalmente é muito menos erótica do que, por exemplo, um *show* de strip-tease à meia-luz. Este último não é apenas uma exposição de fisicalidade, mas um tantalizante, cuidadoso e progressivo arrancar das roupas. Trata-se, portanto, muito mais de brincar com o limiar da vergonha e de sua violação e, por esse meio, produzir uma vibração prazerosa.

Espero que estes comentários tenham sido suficientes para estabelecer a associação do arquetípico sentimento da vergonha com o desvelamento da nudez física. Naturalmente, sinto que é importante enfatizar que, quando falo de uma predisposição arquetípica, não estou sugerindo nenhum determinismo das atitudes conscientes e das formas de comportamento de um indivíduo. Ao contrário, o confronto pessoal com as predisposições arquetípicas – e os dados sociais igualmente – é que constitui a essência do processo de maturação e de individuação.

2
O significado psicológico da vergonha

Vergonha na narrativa bíblica do Paraíso

O que é arquetípico acerca da emoção da vergonha? No último capítulo, descobrimos que a vergonha pode ser vista como uma emoção inata (Izard, 1977), o que dá a entender que é insubstituível na economia da psique. Ao longo dos tempos, experiências e comportamentos arquetípicos cristalizaram-se na forma de ideias míticas. Os mitos oferecem uma série de possibilidades eloquentes que, em seu simbolismo, sensualidade e imagens, movem-nos a um infindo processo de contemplação e de interpretação. Conforme observou o indólogo Heinrich Zimmer:

> Com suas explicações, os que desejam discutir um símbolo dizem mais a respeito de seus próprios limites e preconceitos – especialmente se se deixam

envolver em seu significado – do que o fazem acerca das profundidades do símbolo (Zimmer, 1938, p. 11).

Mesmo assim, uma pesquisa sobre o mito amplia nossa compreensão e estimula novos discernimentos psicológicos. Em nossa própria esfera cultural, o mito mais importante que lida com o tema da vergonha – e da culpa – é a narrativa bíblica do Paraíso (Gn 3,1-24). A narração deriva da assim chamada tradição "javista" e pode ser datada aproximadamente do século X ou IX a.c., ou do Iluminismo Salomônico, um período de crise para muitas antigas tradições sagradas. Na narrativa do Paraíso, tanto os sentimentos de vergonha quanto os de culpa são descritos como originários de um ato de desobediência a Deus, que havia proibido estritamente humanos de comerem da Árvore do Conhecimento. Antes desta violação, o texto bíblico afirma: "O homem e sua mulher estavam nus, mas não se envergonhavam" (Gn 2,25). Mas depois que provaram da Árvore do Conhecimento, abriram-se-lhes os olhos "e como reparassem que estavam nus, teceram para si tangas com folhas de figueira" (Gn 3,7). Enquanto o Senhor passeava pelo jardim à brisa da tarde, eles esconderam-se de modo que Ele teve de gritar por Adão: "Onde estás?" Adão escondera-se porque se havia dado conta de que estava nu. "Ouvi teu ruído no jardim. Fiquei com medo, porque estava nu, e me escondi". "E quem te disse que estavas nu?" Foi a resposta de Deus. A tomada de consciência de sua nudez por parte de Adão é o que expôs sua violação do mandamento de Deus; era a prova de que ele comera da Árvore do Conhecimento. A partir daquele momento, ele conhecia a respeito do bem e do mal, e, portanto, perdera a experiência da paradisíaca "realidade unitária" (Neumann, 1988).

Dever-se-ia notar que o tema da perda de uma realidade unitária paradisíaca não é exclusivo desta história judaica da criação, adotada posteriormente pelo cristianismo. Muitos mitos africanos também contam como um engano ou a violação de um mandamento resulta em perda importante. Semelhantemente, os gregos viam sua própria Idade de Ouro como tendo sido perdida em decorrência de falha humana. Húbris, que literalmente significa "orgulho" ou "presunção", é a palavra que eles usavam para descrever o comportamento humano que ultrapassa os limites estabelecidos por uma ordem divina de ser. Encontramos um exemplo clássico de húbris no mito do roubo do fogo, cometido por Prometeu. Aqui, os humanos roubam algo que pertence aos deuses; eles tomam um privilégio divino em suas próprias mãos. O Deus bíblico sugere que Adão cometeu esta mesma transgressão quando diz: "Eis que o homem tornou-se como um de nós, capaz de conhecer o bem e o mal" (Gn 3,22; cf. tb. Jacoby, 1985).

A capacidade de distinguir entre os opostos está à própria raiz da consciência humana – de fato, virtualmente define a natureza humana. Paradoxalmente, é tanto uma ofensa contra a criação de Deus quanto uma oportunidade dada por Deus. De acordo com Herder, o ser humano é uma criatura libertada da natureza. Diferentemente das outras criaturas, os humanos não estão completamente atados à natureza por meio de seu legado instintivo. Eles podem e devem lutar contra a natureza; esta é a fonte de sua presunção, desamparo e desorientação. Adolf Portmann descreveu a natureza humana como "abertura para o mundo" e "liberdade de escolha", qualidades que distinguem os humanos dos animais, os quais estão "incrustados no ambiente" e "assegurados pelos instintos" (Portmann, 1958).

A abertura para o mundo e o livre-arbítrio implicam determinada perda da confiança instintiva. Ainda assim, os seres humanos não podem divorciar-se inteiramente de suas bases biológicas e instintivas, por mais rudimentares que possam ser. Uma das tensões mais difíceis com que os seres humanos têm de lidar como espécie provém do fato de pertencerem simultaneamente à natureza e refletirem conscientemente sobre ela. Não admira que experimentemos a consciência como uma espada de dois gumes, até mesmo como "pecado original".

A doutrina do pecado original, tal como é compreendida hoje, pode ser remontada a Agostinho, que viveu de 354 a 430 d.C. Foi ele, acima de todos os outros, que reduziu essa culpa original à sexualidade. Nisto foi claramente influenciado pelos movimentos contemporâneos do neoplatonismo e do gnosticismo, os quais postulavam que o espírito devia ser libertado de seu aprisionamento na corporalidade e na instintualidade. Sabe-se bem que depois de sua conversão ao cristianismo, Agostinho, que levara ativa vida erótica em sua juventude, queria expulsar o demônio do sexo com o belzebu da intolerância. Para ele, a Queda ocasionou, acima de tudo, uma transformação da sexualidade – o começo de toda "luxúria" ou "concupiscência". Por outro lado, Agostinho queria mostrar que as relações sexuais são possíveis sem o desejo carnal, e isto constituiu a base para sua sofisticada teoria do "matrimônio no Paraíso" (Grimm, 1972). Desde Agostinho, a Queda tem sido interpretada principalmente como uma questão de sexualidade, embora esta visão não esteja necessariamente fundamentada no texto bíblico. Acredito que Agostinho tenha provocado enorme dano com sua teoria do "matrimônio no Paraíso". Esta doutrina, creio, levou a uma concepção irrealista da sexualidade e a uma sensação de que o desejo sexual é algo que pode ser reprimido a cômodo. A teoria de Agostinho foi inspiradora para o desenvolvimento de uma ética sexual hostil não somente ao instinto, mas também a mulheres.

Em meu livro *Saudades do Paraíso* (1985), refleti sobre diversos aspectos da narrativa do Paraíso de um ponto de vista psicológico. Naquele relato, eu estava particularmente interessado na ideia do pecado original em relação à psicogênese da consciência e da culpa. Contudo, não lidei com os sentimentos de vergonha igualmente mencionados na história, e gostaria de preencher agora esta lacuna.

O sentimento de vergonha emergiu pela primeira vez depois que "se abriram os olhos" de Adão e Eva. Tendo provado do fruto do conhecimento, perceberam que estavam nus. Obviamente, tinham estado nus antes, mas isto não era motivo de preocupação – ou de vergonha –, uma vez que não era nada fora do comum. As reações de vergonha são desencadeadas pela consciência.

A observação que se segue é também de interesse psicológico: os sentimentos de vergonha eram tão insuportáveis, que "o homem e sua mulher" acharam necessário fazer alguma coisa. A solução consistiu em confeccionar com folhas de figueira tangas protetoras para si mesmos. Foi uma ação inventiva, motivada pela vergonha, por causa da civilização. Contudo, resta a questão de por que os primeiros humanos deviam envergonhar-se diante um do outro e até mesmo diante de Deus, a partir do momento em que se tornaram conscientes de sua nudez. Na história, isto é narrado com naturalidade, como se não exigisse nenhuma explicação adicional. Conforme eu disse, pode ser simplesmente que a vergonha de expor-se completamente tenha uma base arquetípica. Parece ser uma característica da espécie, um sintoma primordial da queda da humanidade em relação à união com a natureza. Neste aspecto, faz sentido falar de uma Queda. Os humanos já não gozam da condição de agir naturalmente em relação ao que é natural. E é precisamente isto que alerta Deus para o fato de que aconteceu o "pecado" da consciência.

Naturalmente não seria errado interpretar o provar do fruto do conhecimento como o primeiro ato do amor. Esta visão um tanto predominante toma como base a associação veterotestamentária entre relações sexuais e conhecimento. Em vários lugares, lê-se que Abraão, Isaque, Jacó e outros patriarcas "conheceram" suas mulheres durante a noite, após o que as mulheres deram à luz filhos. Ainda hoje descrevemos o primeiro ato de amor como uma perda da inocência.

No épico sumério-babilônico de Gilgamesh, a ligação entre o crescimento da consciência humana e o encontro sexual é ainda mais explícito do que na narrativa do Paraíso. Nele, Enkidu, um homem natural, que vive com os animais e compreende sua linguagem, é seduzido a um ato de amor por uma "hierodula", uma prostituta sagrada. A realização deste ato indispõe-no com sua natureza original e priva-o de sua compreensão da linguagem dos animais. Aqui, o simbolismo sugere que o ato sexual humano não é um fenômeno meramente "instintivo-animalesco", mas inclui uma rica esfera de experiência subjetiva – ideias, fantasias e pensamentos.

Ser humano implica o reconhecimento de que a vergonha da nudez física tem também um significado psíquico e, portanto, simbólico. A primeira percepção das pessoas de que estavam nuas coincidiu com a primeira tomada de consciência de sua própria imagem corporal ou padrão corporal. As distinções, portanto, foram feitas; juntamente com o conhecimento do bem e do mal, surgiu a capacidade de diferençar o Eu do Tu, o sujeito do objeto. Adão e Eva já não são um; tornaram-se conscientes de que são duas pessoas diferentes – o corpo nu dele e o corpo nu dela. Cada um tem necessidade de esconder do outro sua nudez – uma necessidade que leva à diferenciação mútua e, portanto, ao processo de individuação.

Ao mesmo tempo, Adão compreende que Deus é um poder separado dele mesmo. Ele ouve o chamado desse poder: "Adão, onde estás?" Psicologicamente, isto quer dizer que uma diferenciação aconteceu entre uma consciência centrada no eu e uma consciência de "algo maior dentro de nós". (Jung chamou esse algo maior de "si-mesmo" e considerou-o como o centro interpretativo de toda a personalidade, cônscia ou incônscia. O si-mesmo não pode ser distinto das várias imagens-de-deus da psique).

O mito do Paraíso retrata um paradoxo essencial no crescimento da consciência humana. A partir da perspectiva de Deus, o humano tornou-se "capaz de conhecer o bem e o mal". Este conhecimento produz um grau de "semelhança divina" dentro do humano. Da perspectiva humana, porém, é justamente este crescimento da consciência que leva o homem a reconhecer seus limites, sua "nudez" perante Deus. O crescimento da consciência cria um medo de Deus, um medo de ser subjugado a algo maior e mais poderoso. "Fiquei com medo, porque estava nu".

Humildade e consciência dos limites do eu são as conquistas mais difíceis e importantes ao longo da vereda do desenvolvimento psíquico. O eu não deve identificar-se com o si-mesmo superordenado, pois isto significaria cair em ilusórias e enganadoras fantasias de ostentação, na verdade, em doença mental. No máximo, o eu está em relação com o que é maior em nós, o si-mesmo, extraindo dele determinada confiança: "autoconfiança" no sentido mais profundo. Retornaremos a esta ideia mais tarde.

O crescimento da consciência, simbolizado pelo comer o fruto do conhecimento, conduz à perda da realidade unitária paradisíaca. Já ninguém goza da bem-aventurada ignorância dos dolorosos conflitos provocados pela polarização de interior e exterior, sujeito e objeto, eu e si-mesmo (Neumann, 1988). A consciência centrada no eu está baseada na diferenciação destes opostos e no padecimento de sua polaridade.

Há muitas posições que se podem assumir em relação à proverbial folha de figueira. Indubitavelmente, muita hipocrisia tem-se escondido por trás desse véu protetor. E mesmo assim, atendo-nos ao simbolismo do mito do Paraíso, a folha de figueira parece estar ligada ao primeiro ato criativo dos seres humanos: "Teceram para si tangas com folhas de figueira". O sentimento de vergonha motivou-os a descobrir uma solução para sua nudez; levou a uma invenção. Adão e Eva tentaram lidar com a vergonha em vez de permanecerem impotentemente subjugados a ela. No processo, descobriram a capacidade especificamente humana de alterar o que é dado pela natureza. Tal como a ansiedade, a vergonha pode ser vista como uma força propulsora da civilização.

Função básica da vergonha

Por que ficamos envergonhados? Esta é uma questão de absoluta importância psicológica. No caso da nudez, por exemplo, o que é exatamente que sentimos dever ocultar uns dos outros? Nossa constituição física é basicamente a mesma da de todas as pessoas de nosso gênero. E quase todos nós ficamos mais ou menos envergonhados em deixar que nossos corpos nus sejam vistos. Ao expor-nos, corremos até mesmo o risco de sermos acusados de "transgredir a decência pública"[2]. Por outro lado, corpos nus, por si mesmos, não abrigam nenhum grande mistério.

"Não seja tão acanhado; eu sei como são meninos e meninas", ouvem-se adolescentes dizerem em uma tentativa de superar a vergonha de examinarem os corpos uns dos outros. Evacuações corporais, urinação e defecação são naturais e comuns a todos; no entanto, acontecem em um "closet" (ou lugar "closed" ['fechado'])[3] – como se houvesse algo degradante a respeito de tais necessidades de natureza animal. Daí expressões como: "Agora devo ir à procura daquele lugarzinho onde o imperador (ou o papa) também se ajoelha". Similarmente, as atividades sexuais geralmente acontecem em área fechada, privada, porque os parceiros sexuais se sentiriam disturbados se fossem observados durante suas brincadeiras amorosas. (Tais perturbações, no entanto, muitas vezes ocorrem em sonhos; frequentemente o observador aparece sob o disfarce do pai ou da mãe!)

Parece lógico interpretar tais reações de vergonha como defesas contra tendências exibicionistas

---

2. Esta vergonha coletiva está apenas parcialmente ligada a preocupações pessoais acerca de ter um corpo feio e repulsivo.
3. Em português, a palavra "retrete" (lugar retirado, latrina) aproxima-se bem do sentido de "closet" [N.T.].

ou voyeuristas, tendências que incontestavelmente perderiam algo de seu ardente apelo se não estivessem ligadas a um tabu coletivo. Izard expressou a opinião de que, de uma perspectiva biológica, evolucional, a vergonha é, provavelmente, o motivo fundamental que leva as pessoas a buscar privacidade para as relações sexuais. Há muito tempo a adesão a regras que protegem a privacidade é do interesse da ordem e da harmonia sociais. De vária maneiras, a vergonha continua, hoje, a servir a essas funções na sociedade contemporânea (Izard, 1977, p. 400).

A vergonha, em suas muitas formas – cada uma com sua dor particular e eventual efeito colateral neurótico –, ocupa lugar importante em nossa psique e na economia social. Nós "nos reservamos" e nos conservamos para nós próprios, conforme nossa linguagem afirma claramente. "Não é da conta de ninguém" o que se passa em minha fantasia, pensamentos e vida íntima. A vergonha protege este sacrário interior e aconselha-me acerca do que devo mostrar ou partilhar de mim mesmo, e o que seria preferível conservar para mim mesmo. De uma perspectiva global, todas as pessoas podem ter sido criadas iguais biologicamente, psicologicamente, ou seja, arquetipicamente. E, no entanto, cada indivíduo salvaguarda seus segredos pessoais em uma esfera particular da vergonha, com seu limiar único, que pode ser superior ou inferior, mais rígido ou mais flexível do que o do seu vizinho.

A vergonha fortalece a distinção interpessoal e o senso da própria identidade individual. Por outro lado, uma excessiva tendência a reações de vergonha pode levar a distúrbios de contato e a isolamento social. Ao mesmo tempo, a vergonha atua como poderoso estímulo à adaptação social, na medida em que é desencadeada frequentemente por maljeitosa autoconsciência e medo de críticas. A função da vergonha é, portanto, altamente complexa, servindo aos interesses tanto da individualidade quanto da conformidade.

Esta contradição deve necessariamente levar a conflitos dentro do indivíduo? Em primeiro lugar, digamos que é a sociedade que exige um grau particular de discrição de cada indivíduo, razão por que a vergonha é um fator importante na socialização das crianças. A sociedade decide o que convém ao indivíduo, o que é adequado consoante aos costumes sociais. Ela limita as exposições da nudez corporal, tolera a atividade sexual somente em particular e pune as ofensas contra a decência pública. De igual modo, as confissões públicas de sentimentos privados amiúde provocam reações vexatórias, ou silêncios embaraçosos. Destarte, sentimentos de vergonham parecem salvaguardar alguns limites convencionados que se infringem somente com o risco de sanções sociais e de exposição pessoal. A sociedade espera certo grau de privacidade, e a vergonha aqui está a serviço da conformidade social.

Não importa em que grau de intensidade, desejos e exigências individuais entram em conflito com as expectativas da sociedade.

Os conflitos dentro da própria experiência de vergonha surgem primeiramente no indivíduo quando as duas funções da vergonha – "guardiã" da individualização e da adaptação social – são experimentadas como contraditórias. Neste sentido, Aristóteles fez uma importante distinção entre a vergonha que se sente de coisas que são ofensivas para a "opinião geral" e de coisas que são ofensivas "à verdade pura" (Lynd, 1961, p. 239). Da mesma maneira, Hultberg refere-se a uma distinção feita por membros de uma tribo da Nova Guiné entre "vergonha na pele", superficial, e "vergonha profunda" (1988, p. 118). Por exemplo, ser observado enquanto se está urinando ou tendo relação sexual cria um sentido de vergonha superficial. Contudo, insultar os espíritos dos ancestrais provoca uma reação de vergonha profunda. No primeiro caso, a vergonha é uma resposta emocional à violação das normas sociais. A segunda forma de vergonha entra em jogo com a violação de um sistema de valores interiores associados ao ideal do eu.

Essas funções opostas podem levar a conflitos dentro do próprio senso de vergonha em si. Por exemplo, posso estar demasiado envergonhado para expressar minha opinião discordante em um grupo por medo de ser ridicularizado, rejeitado ou não ser levado a sério. No entanto, tão logo chego a casa, estou pronto para "matar a mim mesmo" de vergonha por ter sido tão covarde, tão incapaz de saber defender-me. Perco a autoestima porque não defendi o que é verdadeiro para mim – de fato, posso até mesmo tê-lo negado. Tais conflitos de vergonha são frequentes. De um lado, a vergonha é a substituta de uma moral e de um código social não escritos, parcialmente internalizados, embora, de outro, seja a defensora da sinceridade interior, a proteção de nossas mais profundas convicções.

Uma das mais emocionantes passagens do Novo Testamento trata deste conflito: a negação de Pedro, repetida três vezes, de que ele era discípulo de Jesus para evitar ser envergonhado diante das pessoas ali presentes. Depois que o galo cantou (e ele tornou-se consciente do que estava fazendo), Pedro lembrou-se das palavras de Jesus, retirou-se e chorou amargamente, sentindo-se envergonhado de sua covardia que Jesus havia profetizado (Mt 26). J.S. Bach compôs algumas das músicas mais comoventes das Paixões de São João e São Mateus para esta passagem da liturgia. Por meio dela, chegamos a partilhar o amargo remorso e as lágrimas envergonhadas de Pedro.

Perspicazmente, Hultberg observa que as duas formas de vergonha são muito diferentes por natureza e, na verdade, têm funções opostas (1988, p. 118). Conforme afirmei, uma forma serve para a adaptação social; a outra, à integridade pessoal; uma garante a adesão a normas societárias, a outra protege o indivíduo do coletivo. Entre as duas jaz um potencial conflito que é inerente à natureza da espécie humana.

A vergonha situa-se na fronteira entre o si-mesmo e o outro. Desempenha papel crítico na mediação da proximidade e do distanciamento interpessoais, prudentemente calibrando meus sentimentos acerca de quão perto eu posso e quero permitir que alguém chegue.

Naturalmente, a confiança entra também na equação. Devo confiar que os outros respeitarão minha autoestima e minha integridade se eu decidir não ocultar deles "a verdade nua e crua" de quem realmente sou. O medo de ser magoado por um encontro íntimo tem a ver com o receio de ser exposto, ridicularizado e envergonhado – seja de modo evidente, seja sutil. O contato interpessoal exige que se desenvolva alto grau de sensibilidade para o equilíbrio "correto" entre proximidade e distância – um assunto no qual o sentimento de vergonha pode ser de auxílio substancial. Quão frequentemente não tenho sido atormentado pela vergonha de ter revelado demais a respeito de mim mesmo a alguém que, mais tarde, decidi não tinha conquistado minha confiança?

O conselho comum, quando não trivial, de não confiar "simplesmente em qualquer um" contém uma verdade profunda, mesmo que não seja por outra razão senão porque a confiança é extremamente complexa e facilmente perturbada. Uma confiança acrítica pode ser não apenas ingênua, mas também autodestrutiva, especialmente quando pode haver rivalidade franca ou dissimulada, exigindo que se esteja alerta. Para sobreviver, é necessário desenvolver um agudo senso em relação às pessoas em quem se pode e não se pode confiar.

A capacidade de distribuir realisticamente confiança e desconfiança está normalmente ligada à própria história da infância, que determina o grau de diferenciação possível para cada indivíduo. A história da infância pode também ser a causa de vários distúrbios, um tópico que discutirei mais longamente quando tratar dos complexos de vergonha e de seu tratamento na terapia. O elemento essencial é sempre a confiança nos próprios poderes e valores interiores – ou em poucas palavras, "autoconfiança". Quanto menos autoconfiança, quanto menos autoestima alguém tiver, maior é a probabilidade de tornar-se vítima de intensa vergonha e de medo da vergonha. Portanto, o próximo capítulo será dedicado a uma aprofundada investigação da base psicológica da autoestima.

3
O sentimento de autoestima

Dignidade humana

Hoje em dia, todo o mundo parece saber o que é autoestima. Contudo, quando paramos para pensar acerca do que é feito o sentimento de autoestima e como surge, percebemos como é um assunto realmente complexo. Muito se tem escrito sobre o assunto no que se refere à psicanálise, especialmente como parte do amplo interesse no narcisismo; sem dúvida, de uma perspectiva psicanalítica, distúrbios da autoestima pertencem à esfera das desordens narcisistas. Recentemente, tem havido também um aumento impressionante do número de estudos que tratam do complexo tema do "si-mesmo". Não posso entrar aqui em uma discussão detalhada das várias opiniões que têm sido defendidas, preferindo restringir-me a alguns pontos diretamente importantes para nosso tema.

A autoestima refere-se ao valor ou à dignidade que alguém atribui a si mesmo. Em alemão, a palavra *Selbstwertgefühl* deixa isso claro: é um sentimento (*Gefühl*) de valor (*Wert*) que temos de nós mesmos (*Selbst*). A palavra "estima", derivada do termo latino *aestimare*, denota uma estimativa que faço de meu próprio valor. Isto é importante em conexão com o problema da ansiedade decorrente da vergonha, visto que se poderia descrever a vergonha como a "guardiã" da dignidade. A ansiedade decorrente da vergonha põe-nos em guarda contra comportamentos "indignos", sensibilizando-nos para pressentirmos se determinado evento será experimentado como "degradante" ou não.

A palavra "dignidade" soa-nos hoje um pouco antiquada, até mesmo afetada. Pensamos em "dignitários" a ocupar elevadas posições, ou em "veneráveis líderes" comportando-se com "dignidade". Dizer que "é inferior à minha dignidade" misturar--se com alguém ou com algo pode facilmente fazer a pessoa soar arrogante.

No passado, o senso do próprio valor e dignidade estava frequentemente ligado à posição social. Com a chegada do Iluminismo e do idealismo estético e moral de Kant e Schiller, a noção de autovalorização foi transformada e internalizada. Assumiu o sentido de "autoestima, o sentimento de integridade, autorrespeito, ou seja, o sentimento e a consciência daquilo por que se é responsável, do que se deve fazer, ou do que não lhe é permitido fazer, se alguém não quiser diminuir ou perder sua dignidade como pessoa" (*Würde*, in Grimm & Grimm, 1960). A respeito do valor ético, Goethe escreveu o seguinte:

> Aqui [no meu peito], sinto algo que se move, que me diz: "Rameau, não o faças". Deve haver certa dignidade profunda e inerradicavelmente entretecida na natureza humana" (Goethe, 1873).

Em tais escritos, o conceito de dignidade está ligado a uma ética de conduta pessoal. A falha em não prestar atenção à própria consciência resulta em um sentimento de vergonha porque se sente que a própria autovalorização pessoal foi diminuída.

O século vigente, com seus campos de concentração e governos totalitários, fornece abundantes exemplos de como o estupro psíquico, físico e sexual pode traumatizar o senso de dignidade pessoal de uma vítima de modo tão drástico que a vergonha a impede até mesmo de falar a esse respeito. Ofensas menos danosas à nossa dignidade pessoal são os ingredientes da vida cotidiana, e amiudadas vezes provocam sentimentos aflitivos de vergonha, rejeição, degradação e insulto. Algumas pessoas são particularmente sensíveis ou vulneráveis a tais ofensas.

De um lado, o senso da dignidade pessoal é necessário para nossa existência; de outro, é considerado indelicadeza ou mau gosto enfatizar demasiadamente a própria dignidade – ou até mesmo falar favoravelmente a respeito dela. Neste caso, é-se visto como fanfarrão ou gabarola, e sofre-se o desfavor social. É impróprio – ostensivamente – exibir a própria dignidade.

Nossa dignidade pessoal consiste não apenas em nossa própria autovalorização, mas do nosso senso do valor de tudo o que sentimos pertencer-nos – parceiro matrimonial, família, clã, talvez até mesmo religião e nação. Conservar tal dignidade é uma atividade que, de uma perspectiva arquetípica, ocupa uma posição central na economia de nossa psique. Contudo, a definição do que é digno varia largamente de uma pessoa a outra, como acontece com o lugar em que a vergonha delimita a fronteira para a indignidade. Tais variações dependem de hierarquias de valores criadas por sociedades, famílias e indivíduos. Durante séculos, no Ocidente, sentíamo-nos orgulhosos de nossa racionalidade, essa faculdade que dá aos humanos um lugar na criação acima de todas as demais criaturas. Tínhamos até mesmo recebido o mandato de subjugar a terra a nossos desígnios. Se não pudemos livrar-nos inteiramente de nossa instintualidade, de nossas funções corporais animalescas, pelo menos pudemos considerar essas coisas indignas, como pertencentes a uma esfera limitada pela vergonha e indigna de discussão.

Algo que uma jovem me disse no começo dos anos cinquentas fornece uma boa ilustração para isso. Trazia consigo a tendência de envolver-se em simbióticas relações amorosas, e disse-me conhecer um antídoto para os amores violentos e indesejáveis que ela vivia frequentemente. Ela só precisava imaginar o homem de seus sonhos de ceroulas ou sentado no vaso sanitário, limpando o traseiro, para sentir-se completamente repugnada e desiludida. (Entrementes, desconfio que exemplo tão fortemente realista teria sido censurado por qualquer editor sério – estando abaixo da dignidade de uma publicação academicamente respeitável. Hoje, seria considerado indigno um editor ou autor suprimir tais verdades "nuas e cruas" – até que ponto se deslocaram as fronteiras da vergonha em quatro décadas).

Naturalmente, muitas pessoas ainda se sentem excessivamente envergonhadas em permitir que outras saibam que foram submetidas a um procedimento hemorroidal, prostático ou ginecológico. Lembro-me de uma senhora de certa idade, bem conhecida, que morreu de insuficiência coronária enquanto estava sentada no vaso sanitário. Um pouco de suas fezes era perceptível – e provavelmente também o mau odor. A família optou por censurar este fato, contando, em vez disso, que seu corpo havia sido encontrado no saguão. Caso contrário, concluíram eles, a morte dela teria sido indigna – tornando difícil conservar dela uma memória digna. Tais fronteiras da vergonha são compreensíveis. No entanto, o esforço geral para estabelecer um relacionamento menos reprimido com diferentes partes do corpo é um desenvolvimento saudável.

Para avançar na investigação dos vários elementos que constituem este sentimento de dignidade pessoal, poderíamos perguntar-nos de quais aspectos de nós mesmos nos orgulhamos. Em seguida, poderíamos perguntar-nos quais aspectos de comportamento preferiríamos ocultar de nós mesmos e dos outros. Para começar, estas são questões de autoapresentação: que autoimagem cônscia ou incônscia anima minha conduta? Em segundo lugar, são questões que trazem à tona o julgamento que atribuo a esta imagem. Autojulgamento normalmente acontece sem reflexão consciente; espontaneamente permito que determinados aspectos de mim mesmo emerjam para revisão, embora conserve outras partes fora do alcance da vista. Deste modo, os julgamentos habitualmente são feitos de acordo com uma sistema de valores inquestionáveis que exercem sua influência inconscientemente. Os sentimentos de valor e de dignidade pessoais podem estar baseados em valores que variam enormemente de pessoa a pessoa, e de cultura a cultura. Entretanto, uma coisa é comum a toda perda de dignidade: o sentimento de vergonha que ele fomenta.

O conceito do si-mesmo: senso do si-mesmo, consciência do si-mesmo

Conforme já disse, o multiface tema do si-mesmo despertou crescente interesse nos últimos anos e tem sido assunto de discussão em inúmeros livros e artigos (p. ex., Fordham, 1986; Gordon, 1985; Jacoby, 1990; Kohut, 1971a, 1977; Redfearn, 1985). Gostaria aqui de tratar alguns pontos desta literatura que são relevantes para nosso tema.

Poderíamos começar com a ideia do si-mesmo conforme é compreendida na psicanálise. Aqui, o si-mesmo é interpretado como significando "mim mesmo", o modo como experimento a mim mesmo como uma pessoa por inteiro, tanto em minhas ideias conscientes quanto nas inconscientes acerca de mim mesmo (Hartmann, 1964, p. 127). Os psicanalistas falam de "autorrepresentação", significando a maneira pela qual minha personalidade é representada na fantasia. Minhas fantasias sobre mim mesmo se coadunam suficientemente bem com a realidade para contribuírem docilmente para minha autorrealização e fecundamente para minha autoavaliação. Todavia, a maneira como represento a mim mesmo em fantasias pode também refletir uma imagem de mim mesmo distorcida, inflada, subestimada, instável ou empobrecida. Nesse caso, existe a questão de se posso ter uma visão relativamente objetiva do meu si-mesmo que leve em conta tanto meu lado obscuro quanto o róseo. Ou o ato de avaliação é, ele próprio, desfigurador? Em outras palavras, tenho uma avaliação mais ou menos realista de mim mesmo e de minha personalidade, ou há distúrbio em minha autopercepção e autoavaliação? Quem julga e avalia quem? Podemos esperar que a "voz" julgadora em nós possa ser mais ou menos objetiva? E em que critérios se baseiam seus julgamentos?

Estes questionamentos devem ser feitos no decurso do tratamento psicoterapêutico sempre que o analisando faz observações autodepreciativas que soam destrutivas e que não correspondem à imagem que eu, como analista, tenho dele. Quando pergunto quem é que faz tais julgamentos, e segundo quais critérios, o analisando muitas vezes compreende que primeiramente ouviu tais julgamentos advindos de outros relevantes no começo de sua vida, e, em seguida, inconscientemente, adotou-os como seus. "Identificação com o agressor" é um mecanismo de defesa comum que é empregado inconscientemente a fim de desarmar potenciais inimigos (bem como o analista). Assim, a pessoa tenta antecipar-se a um julgamento desfavorável vindo de fora fazendo-o para si mesma em primeiro lugar interiormente. Sem dúvida, é útil tornar tais mecanismos conscientes. Esta tarefa descreve o que se quer dizer literalmente com a palavra "análise". É um processo de separação de misturas inconscientes em seus elementos constitutivos, por exemplo, diferenciar entre a própria autoavaliação e julgamentos feitos por outros relevantes no passado. Tal análise e as percepções que a acompanham podem ser de grande valor. Entretanto, quando estamos lidando com distúrbios de autoestima, as percepções diferenciadas são rapidamente reabsorvidas em um abrangente sentimento de inutilidade. As raízes deste sentimento normalmente são mais profundas do que qualquer intuição convincente. A diferenciação entre uma autopercepção realista e todos os tipos de julgamentos distorcidos feitos por uma figura de autoridade internalizada (o "superego") é rapidamente embaçada; os valores negativos ou positivos atribuídos à autoimagem afetam nosso estado emocional por inteiro e influenciam, por sua vez, a maneira como nos percebemos.

Agora gostaria de distinguir entre o senso do si-mesmo como tal e o sentimento de autoestima. Em outras palavras, gostaria de tratar brevemente do senso do si-mesmo e como ele nasce, antes de voltar ao problema de como se aplicam julgamentos internos a esse si-mesmo.

Mahler *et al.* descreveram o senso do si-mesmo como a percepção mais primária de nossa existência como entidade separada. Não é o sentimento de *quem* eu sou, que envolveria uma comparação com os outros, uma avaliação, mas simplesmente o sentimento de *que* eu sou (Mahler *et al.*, 1975, p. 8). Devo especificar que estou usando a expressão "senso do si-mesmo" de maneira não técnica, porque é a que mais se aproxima de expressar a experiência que tenho em mente: ou seja, o senso de que sou eu mesmo quem age, reage, sente e pensa. Contudo, posteriormente será preciso dizer mais a respeito das importantes distinções entre os construtos teóricos do "eu", "ego" e "si-mesmo".

Teoricamente, pelo menos, podemos distinguir entre o sentimento de que eu sou e o sentimento de quem ou de como eu sou – este último sempre incluindo os valores que atribuo a mim mesmo. As funções do eu e as intenções conscientes estão baseadas no sentimento do que eu sou, isto é, meu senso do si-mesmo, e, assim, parece relevante considerar as origens do senso do si-mesmo na primeira infância.

Estou interessado, acima de tudo, nas opiniões dos estudiosos modernos que fazem pesquisa com crianças, e que acreditam ter descoberto um senso subjetivo do si-mesmo que antecede de longe a existência de qualquer imagem ou representação do si-mesmo, realmente observável logo depois de a criança nascer. Aqui, baseio-me especialmente na obra de Daniel Stern (1985), que recorre não apenas à sua própria experiência e pesquisa clínica, mas às de outros americanos que trabalham neste campo. Com base em sua pesquisa, Stern chegou a determinadas hipóteses atinentes à origem de um senso do si-mesmo. Em seus estádios iniciais, o senso do si-mesmo nada tem a ver com consciência ou discurso refletivos. Nas páginas subsequentes, gostaria de descrever e de examinar aquelas propostas de Stern que parecem ser de relevância particular para nosso tema.

Etapas na organização do sentido do si-mesmo: Daniel Stern

Stern propôs um modelo para a emergência do senso do si-mesmo mediante etapas de desenvolvimento que acontecem no "mundo interpessoal" do bebê. Desde o começo, refere ele, o senso do "si-mesmo" inclui um "outro"; é sempre um senso do "si-mesmo com o outro". Para o nenê, o "outro" é seu cuidador mais importante – na maioria dos casos, a mãe. Este modelo de desenvolvimento difere de visões psicanalíticas populares baseadas amplamente nas descobertas de Margaret Mahler. De acordo com Mahler *et al.* (1975), após breve fase inicial de "autismo", o nenê passa por uma etapa de fusão simbiótica com a mãe (entre o segundo e sétimo mês), após a qual ela começa gradativamente a diferenciar-se como uma pessoa separada. Por outro lado, Stern e outros pesquisadores têm observado que os bebês já são capazes de distinguir entre si mesmos e outra pessoa no nascimento. Isto explica por que recém-nascidos são capazes de distinguir o cheiro do leite de suas próprias mães do de uma "estranha" (Stern, 1985, p. 39s.). Os bebês, portanto, preferem claramente rostos humanos a outros padrões visuais. Demais, os experimentadores descobriram que foram capazes de entrar em diálogo com seus pequeninos clientes, no qual os nenês mostraram reações observáveis tais como virar a cabeça, mamar, olhar para o experimentador e desviar o olhar. Tais experimentos levaram Stern a ter uma série de intuições acerca da experiência mental dos bebês, a qual desafia teorias psicanalíticas do desenvolvimento atuais.

Desde o nascimento até o segundo mês, o bebê vive em um mundo a que Stern chama de esfera do "si-mesmo emergente". Neste estádio preliminar, acontecimentos e percepções peculiares são experimentados como entidades completas, mas o recém-nascido percebe-os como momentos separados, sem nenhuma relação cumulativa entre si. Observando tais experiências discretas e autônomas, outros pensadores psicanalíticos têm concluído que os bebês vivem em uma situação indiferenciada. Contudo, de acordo com Stern, a vida subjetiva do nenê pode consistir em muitas experiências diversas e vívidas. Por enquanto, não temos nenhum jeito de saber se o bebê experimenta uma conexão entre estas várias experiências. Em breve, no entanto, estes momentos isolados começam a organizar-se em estruturas consecutivamente maiores e mais abrangentes. O bebê experimenta o que Stern denomina um "si-mesmo emergente" quando tem início um criativo processo interno que leva o bebê à primeira esfera de uma autoexperiência organizada.

Stern chamou esta primeira área de o senso de um "si-mesmo nuclear". Ele e outros pesquisadores observaram que, por volta do segundo mês, já se desenvolveu um senso do si-mesmo que permite ao bebê experimentar intenção e motivação como próprias. A essa altura, o senso do bebê de seu próprio corpo, seus limites e seu senso de coerência também ganham vida. Ao mesmo tempo, ele tem a experiência de estar junto com um "outro" – o cuidador. Estas não são experiências de fusão simbiótica, mas, conforme Stern, simplesmente uma forma de unir-se a "outros autorreguladores". O bebê experimenta mudanças que ocorrem em sua própria situação por meio do "outro", por exemplo, mediante a amamentação, o banho e a troca de fraldas. Um senso do si-mesmo que está associado à necessidade de segurança – laços afetivos, entreolhares, aconchego e ser abraçado – depende do cuidador. Apesar do fato de que o senso do bebê do si-mesmo muda juntamente com a atividade do cuidador, o limite entre o si-mesmo e o outro permanece intacto. Isto pode ser descrito melhor como relacionamento com um "outro autorregulador" do que como um fundir-se, embora seja importante lembrar que, nesta fase, a experiência do bebê consiste primariamente em sentimento corporal e em permuta de intimidade física.

Entre o sétimo e o décimo quinto mês, desenvolve-se a capacidade de relacionamentos interpessoais reais. Os bebês descobrem que podem partilhar experiências subjetivas com outra pessoa. Enquanto na fase anterior a experiência subjetiva do bebê ainda estava determinada pela regulamentação da mãe, agora o foco se desloca para a necessidade de uma experiência comum. O bebê descobre quais aspectos de sua experiência podem ser partilhados e quais não podem. Em uma das extremidades de um espectro hipotético da experiência do bebê neste estádio de um senso "subjetivo" do si-mesmo, estaria o sentimento da conectividade psíquica; na outra, estaria um senso de profundo isolamento, até mesmo uma "solidão cósmica" (Köhler, 1988, p. 61). Em conformidade com o modelo de Stern, somente agora é que a fusão com o outro relevante é possível, ao passo que na visão psicanalítica, o período de simbiose começou a recuar entre os sete e nove meses. O fator decisivo neste período é a "harmonização afetiva", ou seja, em que medida mãe e filho são capazes de harmonizar-se com seus mútuos afetos? Tal congraçamento assegura o contínuo desenvolvimento do senso objetivo do bebê do si-mesmo e a emergência do campo da intersubjetividade. Na melhor das hipóteses, a atitude sensível e asseguradora da mãe permite ao filho sentir: "Eu sei que você sabe como estou" (Köhler, 1988, p. 64). Assim, neste estádio de desenvolvimento, a necessidade humana de expressar-se, ser visto, ouvido e compreendido torna-se decisiva pela primeira vez.

Na idade entre os quinze e dezoito meses, começa novo estádio na organização do senso do si--mesmo da criação e de seu relacionamento com o outro. A explosão do crescimento, que coincide com a aquisição da linguagem, poderia assemelhar--se a uma revolução. Ela começa com a capacidade do bebê de tomar a si mesmo como objeto de sua própria reflexão. Deste modo, um "si-mesmo objetivo" vem à existência próximo do "si-mesmo subjetivo" de fases anteriores. A propensão de crianças desta idade a olhar com fascínio para seu próprio reflexo no espelho é uma clara indicação desta fase, tal como é o desenvolvimento da capacidade para o jogo simbólico. Mediante a linguagem, questões como laços afetivos, autonomia, separação e intimidade são praticados com o outro relevante em um nível não previamente possível.

Mas a linguagem é uma espada de dois gumes. De um lado, enriquece o campo da experiência comum; de outro, limita-o. Somente parte da experiência global original pode ser expressa em palavras; o restante permanece denominada imprecisamente, ou pobremente compreendida. Muitas outras esferas da experiência permanecem igualmente subentendidas, deixadas a levar uma existência obscura, mas, mesmo assim, muito real. A linguagem, assim, insere uma cunha entre dois modos de experiência: um que pode ser apenas vivido diretamente, e outro que pode ser verbalmente representado. Na medida em que a experiência está conectada a palavras, a criança em crescimento fica desligada do fluxo espontâneo de experiência que havia caracterizado o estado pré-verbal. Destarte, a criança ganha entrada em sua cultura ao custo de perder a força e a integridade de sua experiência original. Stern descreve este desenvolvimento da seguinte maneira:

> O si-mesmo torna-se um mistério. O bebê está consciente de que há níveis e camadas da autoexperiência que são, em certa medida, afastados das experiências oficiais ratificadas pela linguagem. A harmonia anterior está desfeita (Stern, 1985, p. 272).

Esta crise na autocompreensão acontece porque, pela primeira vez em sua vida, o bebê experimenta o si-mesmo como dividido e sente corretamente que ninguém pode sanar esta ruptura (Stern, 1985, p. 272).

Desta forma, Stern descreveu quatro estádios organizacionais no desenvolvimento de um senso do si-mesmo: o si-mesmo emergente, o si-mesmo nuclear, o si-mesmo subjetivo e o si-mesmo verbal. Mas ele enfatizou, o que é mais importante, em minha opinião, que tais pontos de cristalização não estão estritamente atados. As várias estruturas que incluem o senso do si-mesmo da criança podem desenvolver-se em sucessão, cada uma tendo seu próprio período de formação e de vulnerabilidade. Contudo, os estádios mais elevados não substituem simplesmente os anteriores. Uma vez que uma qualidade particular no senso do si-mesmo tenha sido estabelecida, permanecerá pelo resto da vida da pessoa. Em outras palavras, há quatro formas fundamentais de estar no mundo. Ao longo da vida, estas podem desenvolver-se, diferenciar-se, ser renovadas ou enriquecidas, mas também podem permanecer indiferençadas, podem deformar--se ou dividir-se em certa medida.

Stern usa a experiência de fazer amor para ilustrar estas quatro esferas coexistentes.

> Fazer amor, um acontecimento de pleno envolvimento interpessoal, implica primeiramente o senso do si-mesmo e do outro como entidades físicas discretas, como formas em movimento – uma experiência no campo do relacionamento nucleal, como é o senso da autointervenção, da vontade e da ativação incluídos nos atos físicos. [Gostaria de acrescentar que cada parceiro influencia e altera mutuamente o estado da autoexperiência corporal do outro. MJ]
> Ao mesmo tempo, envolve a experiência de pressentir o estado subjetivo do outro: desejo partilhado, intenções alinhadas e estados recíprocos de excitação simulta-

neamente variável, o que ocorre no campo do relacionamento intersubjetivo. E se um dos amantes diz pela primeira vez "Eu te amo", as palavras resumem o que está acontecendo nos demais campos (incluídos na perspectiva verbal) e talvez introduzam uma nota inteiramente nova acerca do relacionamento do casal, a qual pode mudar o sentido da história que havia levado ao momento de dizê-lo e ao que se lhe seguirá. Esta é uma experiência no campo do relacionamento verbal (Stern, 1985, p. 30).

Eu acrescentaria que os amantes tendem a criar uma linguagem idiomática de interação que pode conter certa semelhança com o diálogo entre mãe e filho. Este tipo de linguagem facilita uma permuta emocional instintiva, enquanto uma linguagem altamente abstrata, dirigida apenas para a "cabeça", impediria tal permuta.

E quanto à esfera do relacionamento emergente? Isso é menos prontamente manifesto, mas está presente, apesar de tudo. Alguém pode, por exemplo, "perder-se" na cor dos olhos do outro, como se momentaneamente os olhos não fizessem parte do outro nuclear, não relacionado ao estado mental de qualquer pessoa, recém-encontrado e fora de qualquer rede de organização mais ampla. No momento em que o "olho colorido" chega a pertencer novamente ao outro conhecido, ocorreu uma experiência emergente, uma experiência no campo do relacionamento emergente (Stern, 1985, p. 30-31).

A gênese dos padrões humanos de interação

Quando as experiências do bebê de um "outro autorregulador" se repetem, ficam registradas na memória e internalizadas, de maneira mais geral, como ideias e expectativas. Em outras palavras, tornam-se representações psíquicas internas, a que Stern (em seu estilo americano) expressa com o acrônimo RIGs: "representações de interações que foram generalizadas". Estas RIGs não são imagens isoladas de mãe e de pai, nem representações do "si-mesmo" e de "objeto"; ao contrário, são fantasias e expectativas acerca de interações com outros relevantes. Para a criança, elas formam um conhecimento interior acumulado a partir da experiência acerca de como as atividades do outro (cuidador) influenciam seu estado – se mediante estímulo, satisfação, susto ou dor. Uma vez que tais ideias ou representações são ativas com ou sem verbalização, a criança pode evocar seu companheiro mesmo estando sozinha. Por exemplo, uma criança pode ter-se divertido a brincar com sua mãe. Mais tarde, ela expressa prazer ao brincar por conta própria devido ao "resultado histórico de momentos passados semelhantes na presença de um outro (regulador) que eleva o prazer e a exuberância" (Stern, 1985,

p. 113). A reação que originalmente acontecia somente na presença do outro, agora se repete independentemente dela. Conforme escreve Stern:

> A vida do bebê é tão inteiramente social que a maioria das coisas que ele faz, sente e percebe ocorre em diferentes tipos de relacionamentos. Um companheiro evocado ... ou uma união fantasiada com a mãe é, nada mais nada menos do que a história de tipos específicos de relacionamentos ou de memória prototípica de muitos modos específicos de estar com a mãe (Stern, 1985, p. 118).

Obviamente a mãe também tem suas próprias ideias e expectativas de interação. Seu "companheiro invocado" inclui não apenas o filho, mas também, em um pano de fundo experiencial derivado de interações prévias, sua própria mãe. As próprias fantasias maternais da mãe entram em interação também com seu filho. Há, portanto, áreas nas quais os mundos subjetivos da mãe e do bebê se sobrepõem.

De acordo com Stern, a experiência subjetiva da criança é largamente social, independentemente de se a criança está, deveras, com outros ou sozinha. No entanto, de uma perspectiva introvertida, esta afirmação só pode ser válida se "o outro autorregulador" for definido de maneira suficientemente ampla para incluir imagens e ideias intrapsíquicas, como o faz Kohut, em certa medida, em seu conceito do "objeto do si-mesmo". A meu ver, é importante enfatizar que as representações interiores assumem uma forma mais ou menos generalizada e não estão limitadas à associação com a mãe pessoal. De um ponto de vista junguiano, poderíamos atribuir nossa capacidade para formar uma "representação" geral ou imagem interior a partir de incontáveis experiências independentes a uma força criativa, estruturadora, chamada o arquétipo.

Isto conclui meu breve sumário de hipóteses dos que fazem pesquisa com crianças, tão vividamente descritas por Stern, que parecem relevantes para meu tema. Espero que o leitor tenha achado as ideias de Stern tão persuasivas quanto eu achei. A obra dá-nos novas percepções não apenas quanto às interações entre mãe e bebê, mas também quanto a todos os tipos de estruturas relacionais nas quais o indivíduo termina por envolver-se – inclusive a situação analítica. Deste modo é que justifico a sinopse relativamente detalhada aqui apresentada. Os leitores familiarizados com modelos de desenvolvimento inicial da infância, elaborados por escritores psicanalíticos ou junguianos (p. ex., Neumann, 1988; Fordham, 1969, 1976), perguntar-se-ão como o faço, como estes modelos se relacionam com o de Stern, o qual é "correto", e se eles não são mutuamente contraditórios.

Esta questão me tem preocupado bastante. De fato, fez-me perceber que, nesta área, identifico-me muito com o que Stern descreve como o campo de um "si-mesmo emergente". Trata-se de uma esfera caracterizada por uma sensação de desconexão entre partes separadas da experiência, as quais são como ilhas que gostariam de formar juntas um continente. Na esfera do "si-mesmo emergente", em outras palavras, um núcleo central ainda não se tornou suficientemente sólido para permitir uma integração das partes separadas. Claro que a necessidade de integrar várias partes em um todo é arquetípica, representando uma das preocupações mais fundamentais da humanidade: a busca por uma unidade subjacente na diversidade (Samuels, 1989, p. 33ss.; Spiegelman, 1989, p. 53ss.). Contudo, meu propósito aqui não é escrever um tratado teórico comparando vários conceitos do si-mesmo, mas explorar a autoestima e sua relação com a ansiedade decorrente da vergonha. Para os interessados em uma discussão comparativa e em uma integração hipotética de vários conceitos do si-mesmo, forneci alguns pensamentos em um apêndice. Eu também remeteria os leitores interessados a um capítulo importante em meu livro *Individuação e narcisismo* (Jacoby, 1990).

A psicogênese da autoestima

Conforme já se disse anteriormente, a autoestima é o valor básico que atribuo à minha personalidade. Esta avaliação está profundamente enraizada no inconsciente, e só é alterável dentro de limites.

Com elevada autoestima, tenho um sentimento bom, satisfeito, "amoroso" a respeito de minha autoimagem – a fantasia que tenho de mim mesmo. A autodepreciação e os sentimentos de inferioridade provêm de uma avaliação negativa, como seria de esperar. Uma vez mais, tais autojulgamentos estão intimamente ligados às avaliações e aos julgamentos que outros relevantes fizeram de nós bem no começo de nossa vida.

Os padrões de fantasia descritos por Stern – fantasias marcadas por interações entre o si-mesmo e o "outro autorregulador" (RIGs) – são extraordinariamente importantes na psicogênese da autoestima – ou seja, em seu nascimento emocional e no desenvolvimento de suas várias manifestações. Não obstante sua própria iniciativa e nitidez, o si--mesmo do bebê é constantemente dependente do "outro autorregulador" e, assim, esse "outro" tem uma influência extremamente decisiva na existência do bebê. A formação de um sadio senso da autoestima, portanto, depende de uma "adaptação" suficientemente boa e de "mútua harmonia" entre o bebê e o cuidador. Nas circunstâncias mais favoráveis, pequenas dicas bastam para alertar o cuidador para as necessidades imediatas do bebê – seja para trocar as roupas, alimentar-se ou o que quer que seja. É também essencial que ele seja sensível aos momentos em que o bebê quer ficar sozinho, pois já exige determinada quantidade de "período privado no tempo" (Sajder, 1983) para buscar seus próprios interesses sem comando. Em outras palavras, um bebê precisa da oportunidade de escolher entre uma variedade de possibilidades para colocar em movimento suas atividades, desenvolver iniciativa e observar o que acontece. Donald Winnicott expressou a opinião de que a capacidade de estar sozinho baseia-se em um paradoxo – a saber, a experiência de estar sozinho na presença de outra pessoa.

> Somente quando sozinho (quer dizer, na presença de alguém) é que o bebê pode descobrir sua própria vida pessoal. A alternativa patológica é uma vida falsa, construída sobre reações a estímulos externos (Winnicott, 1990, p. 34).

Parece que, ao ser sensível ao "espaço privado" do bebê, o cuidador ajuda a criança a estabelecer padrões de interação saudáveis. Se a criança pudesse falar, poderia expressar seus sentimentos correspondentes da seguinte maneira: "Tenho a permissão e o direito de ter tempo e espaço livres para dedicar-me às minhas próprias atividades. Isto não perturba necessariamente os outros; de fato, eles aceitam com prazer. Posso ser eu mesmo, ser fiel a mim mesmo, até quando estou com outros". Ou: "Não insulto ninguém, ainda que não seja sempre comunicativo e ligado a eles. Se nada tenho a dizer, ninguém vai sentir-se incomodado ou magoado".

Os cuidadores nem sempre são capazes de prover o bebê deste espaço livre porque eles mesmos precisam demasiado da afirmação de amor do bebê. Ou a ansiedade deles não lhes permite atenuar seu cuidado constante e controlador. Experiências com cuidadores carentes ou ansiosos assim fazem surgir padrões de interação que, se o bebê pudesse falar, poderia ser traduzido assim: "Sou aceito apenas sob a condição de que mostre constantemente meu amor e cuidado pelos outros. A espontaneidade é perigosa; tudo deve ser conservado rigidamente sob controle". Este modelo de interação é evidente em pessoas que sofrem de dependência, passividade e falta de iniciativa. Na terminologia junguiana, este estado é chamado de "predomínio do complexo materno". Alguns cuidadores ressentem-se de ter que estar sempre à disposição do "chorão" e da restrição que isso impõe à sua liberdade de perseguir seus próprios interesses pessoais. Tal atitude pode comprometer a qualidade do cuidado que uma pessoa é capaz de dedicar a uma criança, que provavelmente se retirará sentindo-se assim: "Devo ser grato pelo fato de alguém gastar algum tempo comigo, seja como for. Cedo ou tarde, serei deixado sozinho. No fundo, sou um estorvo e um aborrecimento para os outros".

Naturalmente, muitos tipos diferentes de relacionamentos podem desenvolver-se entre o cuidador e a criança, mas um padrão relativamente frequente é aquele no qual a qualidade da relação muda de acordo com o humor do cuidador. Períodos de mutualidade harmoniosa são ab-ruptamente interrompidos pelo retraimento da atenção e do afeto parentais. Como consequência, os padrões de interação do bebê podem ficar marcados por uma desconfiança básica, por uma sensação de não confiabilidade dos outros e de si mesmo. Obviamente flutuações são inevitáveis no clima entre duas pessoas; efetivamente, fazem parte de um processo de "frustração ideal" necessária para a maturação. No entanto, um bebê que não pode contar com determinada continuidade de atenção e cuidado explícito, apesar de seus próprios constantes esforços, perde sua confiança básica e a autoconfiança. Dito de outra maneira, quando o "outro autorregulador" não é confiável, o bebê experimenta demasiada flutuação em seu senso de autoestima.

Os desejos de um bebê de compreender e de ser compreendido manifestam-se primeiramente durante o desenvolvimento do senso subjetivo do si-mesmo e seu domínio de intersubjetividade. Nesse período, surge no bebê uma necessidade tal de expressão recíproca da experiência subjetiva, que toda frustração dessa necessidade pode ter um efeito muito negativo. Os pais já estão socializando o bebê de forma singular quando, consciente ou inconscientemente, reagem com empatia a determinadas expressões ainda não verbais, ou quando não conseguem observar outras, ou rejeitam-nas com determinados gestos desdenhosos. Conforme mencionado, este é o estádio em que o bebê está primeiramente descobrindo quais aspectos de seu mundo privado podem ser comunicados e quais é preferível ocultar. A depender dos resultados de tais descobertas, haverá ou um senso de afinidade psíquica ou uma sensação de que o mundo tem pouca ou nenhuma tolerância, e uma acrescida sensação de isolamento. Assim, o problema de quais partes do universo interior podem ser partilhadas é uma questão da maior importância. Algumas experiências não podem ser partilhadas porque estão sujeitas a um tabu, a um tácito "Não toque nesse assunto". Aqui estão as origens pré-verbais de tais "vozes interiores" críticas como: "Não falamos a respeito de tais coisas", ou até mesmo: "Não pensamos em tais coisas".

Pode-se objetar que muito do que foi dito precedentemente pode ser uma projeção de fantasias adultas lançadas sobre bebês. Poderia o bebê ser realmente tão sensível aos julgamentos de outrem? Um experimento ideado por Emde indicaria que sim – isto é, nesta fase, os bebês detectam as reações de seus cuidadores e harmonizam-se em conformidade (cf. Stern, 1985, p. 132). No experimento, um bebê é trazido até um "penhasco visual", uma ilusão de ótica que provoca certa dose de medo. Como é característico, o bebê hesita, inseguro sobre se continua ou não a engatinhar; então, olha para seu pai ou para sua mãe e adota a expressão facial deles como orientação. Se o pai ou a mãe sorri, a criança continua a gatinhar com uma expressão feliz. Se ele ou ela mostra medo, o bebê fica onde está. Desta forma, pode-se concluir que, aos nove meses, muitos bebês já têm desenvolvido um refinado senso a respeito de quais de seus modos de expressão e atividade são desejáveis e quais não o são.

Creio que reações neuróticas de vergonha podem aparecer pela primeira vez nesta fase – sempre que as comunicações e atividades do bebê se deparam com séria desaprovação. A repugnância parental diante de excreções anais é apenas um tipo de rejeição. Se um bebê perturba seu pai ou sua mãe tocando as próprias fezes, chorando no momento errado, demonstrando medo, ou gritando estridentemente de alegria, ele ou ela pode não precisar dizer nada para que o bebê ouça a mensagem: "Você devia envergonhar-se", e: "Se você continuar assim, certamente não é a boa criancinha que queríamos e supúnhamos". Quando existe excessiva ênfase sobre as reações subjetivas do cuidador e demasiado pouca empatia pelo estado emocional do bebê, na melhor das hipóteses a harmonia afetiva permanece fragmentária. Esta situação pode induzir o bebê ao seguinte padrão de interação: "Devo realmente adaptar-me a todo o mundo se não quiser estar no lugar errado, na hora errada – se não quiser sentir-me envergonhado de mim mesmo e indesejado. Seria melhor que eu evitasse completamente este perigo refreando todas as expressões espontâneas". Distúrbios mais severos no encontro emocional entre o cuidador e a criança resultariam em um "teipe" tal como: "Não importa quem eu seja, não importa o que eu diga, perco a estima de todo o mundo. Ninguém jamais me aceitará, e se eu buscar relacionamentos com outras pessoas, deparar-me-ei com humilhante rejeição".

Quando há assentimento recíproco no campo da relação intersubjetiva, o bebê também desenvolverá uma sensação de ter um impacto na experiência do outro. Mas crianças que foram prejudicadas nesta esfera, muitas vezes não conseguem acreditar que podem ser importantes para outras pessoas simplesmente em virtude de sua existência e do resplendor de sua natural forma de ser. Elas imaginam que devem dar presentes e fazer coisas boas a fim de ganhar o amor dos outros; no mínimo, sentem que devem realizar relevantes proezas para que sejam aceitas. Podem ansiar por alguém que as ame pelo seu próprio bem, mas acreditam que este desejo remoto tem pouca justificação ou esperança de realização.

Perturbações na fase da intersubjetividade pré--verbal podem também ter o efeito evidentemente oposto: de forma compensatória, pessoas que são feridas neste âmbito podem impor-se a outras a fim de assegurar-se que obtêm a atenção que lhes é devida. Farão qualquer coisa, desde expressivo amuo a desabridas exibições de poder.

Em todo caso, no campo da intersubjetividade é que pode acontecer o abandono emocional, deixando a criança com sério déficit na área da autoestima (cf. tb. Asper, 1993).

Quando os outros relevantes sentem orgulho da crescente capacidade de expressão verbal da criancinha, fica estabelecido um padrão de interação que promove o crescimento e estimula a alegria na expressão linguística. No entanto, alguns pais ambiciosos corrigem constantemente seus filhos na esperança de acelerar-lhes o domínio do idioma. Isto pode criar um padrão de interação expresso pelo seguinte "teipe": "Toda vez que digo algo da maneira como sai espontaneamente, sou criticado. Devo sempre estar alerta quanto ao que digo". Dependendo dos talentos retóricos inatos da pessoa, esta programação pode levar a um discurso elegante na adultidade. Mas, com a mesma frequência, pode ser experienciado como uma expectativa impossível, que inibe a expressão verbal espontânea e cria uma sensação de inferioridade.

Muitos pais ficam justificadamente contentes quando seu filho gradativamente "se torna razoável" no domínio do senso verbal do si-mesmo. Mas pode ser perigosa uma filosofia de puericultura que enfatiza demais as explicações racionais. Quando esta ênfase assimétrica na razão obscurece a abordagem mais emocional da sintonia recíproca, grandes porções da psique da criança não são ouvidas, e a criança sente-se abandonada. Pais excessivamente intelectuais, ou pais que sofrem de distúrbios narcisistas de empatia, ficam perplexos na esfera da intersubjetividade. Assim, sentem-se compreensivamente aliviados quando seu filho finalmente se submete à "razão". Esta situação pode ocasionar o seguinte padrão de interação: "Minha necessidade de conexão com a alma, de uma abordagem de mim mesmo e do mundo baseada no sentimento ou na intuição, cai em ouvidos moucos. Portanto, toda esta área não deve ter valor algum; o que conta é a razão e a negociação racional em todos os assuntos. Levar sentimentos a sério e tentar partilhá-los só traz dificuldades". Consciente ou inconscientemente, a criança chega a ter como certo que não será compreendida, e a temer a rejeição e a depreciação.

Percebo que minha discussão sobre as origens e desenvolvimento da autoestima tem-se concentrado amplamente em áreas potencialmente problemáticas. Atribuo isso à *déformation professionnelle* ['deformação profissional'] do psicoterapeuta que, na maioria das vezes, defronta-se com distúrbios. Contudo, um estudo dos sintomas da deficiência pode ajudar a explicar as condições necessárias para o desenvolvimento de um senso realista da autoestima. Em resumo: o desenvolvimento de uma autoestima saudável depende do amor do cuidador pela própria existência do bebê, tanto em suas expressões psíquicas quanto físicas. Mas isso não é tudo. Conforme realça Stern, a sintonia mútua depende mais do que só da boa vontade do cuidador. Às vezes, as diferenças temperamentais tornam quase impossível acontecer a "sintonia afetiva" entre o pai, ou a mãe, e a criança. Ademais, os bebês estão dotados, de forma diferente, de vitalidade e da habilidade para esforçar-se e obter o cuidado e a atenção de que precisam. Então, uma vez mais, nem toda criança consegue expressar sua essência e alegria naturais de modo que o cuidador possa acolher. Deste modo, creio que os pais não deveriam tornar-se indevidamente inseguros lendo literatura psicológica. Com frequência, o próprio receio de "não estar fazendo a coisa certa" provocará um enrijecimento de suas interações emocionais e intuitivas com seu filho. O ideal do "pai ou mãe perfeitos" é amiúde contraproducente, conforme Christa Rohde-Dachser lembra em seu ensaio "Farewell to the Guilt of Mothers" ['Adeus à culpa das mães'] (1989).

Feita esta advertência, as ideais básicas descritas aqui a respeito da influência das interações iniciais entre criança e cuidador no desenvolvimento da autoestima certamente são importantes. Contudo, a vida da psique é demasiado complexa para ser satisfatoriamente explicada por alguns padrões básicos. Fatores como defesas e compensações também precisam ser considerados.

Uma questão psicológica interessante, embora mais teórica, seria: até que ponto padrões de interação estabelecidos nas várias esferas do senso do si-mesmo têm uma qualidade arquetípica? Em que medida esses padrões estão na base não somente da comunicação interpessoal, mas também intrapsíquica – isto é, comunicação entre o eu e as "figuras" do inconsciente? Posto que não possa analisar esta questão aqui, gostaria de lembrar ao leitor a descrição de Erich Neumann dos "estágios arquetípicos do desenvolvimento". Neumann disse que o si-mesmo (usando a palavra no sentido junguiano) era o centro da personalidade, guiando a criança através das várias fases arquetípicas do desenvolvimento. Mas acrescentou com razão:

> A evocação dos arquétipos e a conexa liberação de desenvolvimentos psíquicos latentes não são apenas processos intrapsíquicos; eles acontecem em um campo arquetípico que engloba o interior e o exterior, e que sempre inclui e pressupõe um estímulo externo – um fator do mundo (Neumann, 1988, p. 82).

Em conformidade com Neumann, o primeiro "fator do mundo" estava na mãe e no "primeiro relacionamento". O bom êxito desse relacionamento determinaria se um "eu integral" poderia ou não desenvolver-se.

Surge uma tolerância positiva da parte do eu que, com base em sua atitude de segurança e confiança em relação à mãe, é capaz de aceitar o mundo e a si mesmo, porque tem uma experiência constante de tolerância positiva e de aceitação por meio da mãe (Neumann, 1988, p. 58-59).

Por outras palavras, estabelece-se um padrão de interação que é incutido com a fantasia básica de "Sou amado, cuidado e valorizado por outros do jeito que sou". Coloca-se um alicerce para o desenvolvimento de uma saudável autoconfiança e da construção de um "eixo positivo eu-si-mesmo" (Neumann, 1988).

Como regra geral, do ponto de vista da psicologia do profundo, um senso de autorrespeito suficientemente realista depende de uma criação suficientemente boa por parte dos pais. A pesquisa com crianças enfatiza principalmente o mundo interpessoal e chama nossa atenção para a própria influência ativa do bebê sobre o relacionamento com um dos pais. Aqueles períodos nos quais as várias formas de autoexperiência se manifestam naturalmente pela primeira vez têm determinada influência sobre a subsequente experiência que o bebê faz do si-mesmo e do mundo. Entretanto, novos desenvolvimentos estão constantemente acontecendo em cada esfera do si-mesmo, que se estende pelo decurso de todo o período da vida. Assim, a terapia não deve confinar-se a uma busca pelas origens dos distúrbios nos primeiríssimos períodos formativos. Novas experiências são sempre possíveis, na realidade inevitáveis, na contínua corrente da vida, e estas podem modificar os padrões internos originais. Se assim não fosse, a psicoterapia dificilmente seria eficaz (Stern, 1985, p. 273ss.).

Espelhamento e formação de ideais

Até aqui, prestamos pouca atenção a um fenômeno que influencia enormemente a autoestima, a saber, o assim chamado "ideal do eu" ou "si-mesmo ideal". Stern não escreveu acerca do processo de idealização porque este processo pode não começar até depois do início da fase verbal e, portanto, ficaria fora do escopo de sua pesquisa. Contudo, "a psicologia do si-mesmo" de Heinz Kohut reconhece deveras o importante processo de idealização (Kohut, 1971a, 1977). De acordo com Kohut, um si-mesmo coeso surge, em parte, quando as atividades "exibicionistas" espontâneas do bebê se encontram com o espelhamento alegre e empático de um de seus pais. A frase que Kohut usa reiteradamente para descrever este fenômeno é "o brilho nos olhos da mãe". Por outras palavras, a empatia parental ideal estabelece o fundamento para um saudável sentimento de autoestima, que permite à criança conquistar e manter um "lugar ao sol" sem ambição compulsiva, mas também sem inibição, vergonha ou sentimentos de culpa em relação a ser "vista" ou exposta de maneira embaraçosa. Em minha opinião, a necessidade de alguém "ser respeitado e tido em alta consideração", de gozar de certa "distinção" no mundo, está ligada à primeiríssima relação com o "brilho nos olhos da mãe".

Stern, Neumann e Kohut – juntamente com D.W. Winnicott, M. Fordham e outros –, todos concordam que um relacionamento mãe-filho inicial bem-sucedido é vital para a construção de um salutar sentimento de autoestima. Para o profissional psicoterapeuta, faz pouca diferença se o cuidador maternal, ao realizar o trabalho do "outro autorregulador" (Stern), é chamado de "domínio funcional encarnado do si-mesmo" (Neumann) ou "si-mesmo-objeto" (Kohut). Em razão de tais termos revelarem as diferentes ênfases das várias escolas teóricas, eles são de algum interesse para a psicologia do desenvolvimento, mas não são tão decisivos para a prática da terapia. O que o profissional deve possuir é um conhecimento satisfatório de percepções oriundas da psicologia do desenvolvimento que o capacitarão para compreender empaticamente as feridas da infância do cliente.

Segundo Kohut, algo mais acontece enquanto o si-mesmo está-se formando. Não somente o si-mesmo deveras deseja ser admirado e empaticamente compreendido pelo "si-mesmo-objeto" (seu cuidador); ele experimenta este si-mesmo-objeto (pai ou mãe) como onipotente e perfeito. Uma vez que, na opinião de Kohut, o si-mesmo-objeto dificilmente pode ser distinto do próprio mundo do si-mesmo, a perfeição atribuída ao si-mesmo-objeto implica a própria perfeição da criança. O bebê, em certo sentido, funde-se com o si-mesmo-objeto que ele experimenta como idealizado, onipotente e perfeito. O desapontamento pela compreensão gradual de que os próprios pais dificilmente eram oniscientes, onipotentes e perfeitos pode provocar uma "internalização transformadora" que cria estruturas que podem tornar-se uma matriz para o desenvolvimento de ideais. (Em termos junguianos, isto se chamaria retraimento de projeções).

Com outras palavras, a autoestima pode ser criada e conservada por meio dos ideais que emergem de uma fusão com um "si-mesmo-objeto" idealizado. Tais ideais são convincentes e podem tornar-se modelos para a própria conduta de alguém. Pensamos aqui nas pessoas que trabalham arduamente em tarefas dignas e significativas – grandes ou pequenas –, entregando-se completamente a uma causa mais elevada. Tais pessoas a miúdo não podem admitir que seu nobre serviço aumenta-lhes consideravelmente o senso de autoestima. Conscientemente, estão apenas cientes de uma "dedicação altruísta" a ideias amplamente humanas, científicas, criativas, religiosas ou sociais que conferem sentido a suas vidas.

Isso traz-nos à mente a famosa síndrome do "ajudante", cujo tema poderia ser expresso assim: "Deixe-me estar à sua disposição com toda a minha força, pois esta é minha tarefa na vida". O fato de que a própria autoestima do ajudante se mantém ou sucumbe com sua habilidade para realizar a tarefa é ignorado, visto que uma admissão equivaleria à confissão de uma "sombra egoísta" dissimulada em tais ideais. Esta sombra prefere que seu poder permaneça oculto em um armário de vergonha. Em um processo de autodescoberta, cedo ou tarde tal pessoa deverá confrontar-se com a realidade de que o ideal de puro altruísmo sempre desmorona sob os limites da condição humana.

Claro que tais observações não deveriam ser tomadas como críticas visando a desencorajar-nos de empreender tarefas que transcendam nossas necessidades pessoais. Hoje, mais do que nunca, tal dedicação é prementemente necessária. Se realizá-la contribui para os sentimentos de autoestima de alguém, tanto melhor. Afinal de contas, os limites entre o ideal do eu e o assim chamado "si-mesmo ostentoso" são flexíveis.

Uma ilustração seria o senso de importância que eu obtenho fazendo trabalho altruísta ou autossacrifical em favor de algum problema global ou do bem-estar de outros – sem perceber (ou sendo forçado a perceber de modo embaraçoso) quão insigne eu pareço a mim mesmo enquanto o faço.

Estes tipos de realizações indicam que precisamos direcionar nossa atenção para a fenomenologia e os impactos do si-mesmo ostentoso.

Autoestima e o si-mesmo ostentoso

O assim chamado "si-mesmo ostentoso", cujos impactos são amplamente inconscientes, é um fato que subjaz a uma variedade de distúrbios da autoestima. Assim, aos nomes dos dois mais importantes pesquisadores no campo do narcisismo – Otto F. Kernberg (1975) e Heinz Kohut (1971a) – é que está intimamente associado o conceito do si--mesmo ostentoso, embora ambos tenham oferecido interpretações diferentes de sua psicodinâmica.

Kohut acredita que o si-mesmo ostentoso representa uma fixação no estágio de um si-mesmo arcaico, embora normal, da infância, caracterizado por ilimitada – embora ilusória – onipotência e onisciência. É uma "estrutura" intrapsíquica formada no começo da infância, ao redor da qual se entrelaçam fantasias de onisciência, onipotência e perfeição ilimitada. Em condições favoráveis, a criança aprende a reconhecer e a aceitar seus limites nas fases subsequentes de maturidade. Então, as fantasias ostentosas são substituídas, uma a uma, por um sentimento de autoestima mais ou menos realista.

Conforme eu disse, tal desenvolvimento favorável depende em grande medida de que a criança receba um espelhamento empático dos outros relevantes. Se, no entanto, este processo for perturbado – e com ele, a integração do si-mesmo ostentoso –, esta estrutura psíquica pode ser separada do eu e de sua dura realidade, ou separada destes por meio da repressão (Kohut, 1971a, p. 108). Então, o si-mesmo ostentoso já não está aberto a modificações, mas permanece em sua forma arcaica, exercendo durante todo esse tempo sua influência a partir do inconsciente. "Um si-mesmo ostentoso persistentemente ativo, com suas reivindicações delusórias, pode inabilitar um eu medianamente provido", escreveu Kohut, embora tenha acrescentado que um si-mesmo ostentoso minimamente modificado pode estimular pessoas altamente prendadas a suas conquistas mais notáveis (Kohut, 1971a, p. 108-109). O si--mesmo ostentoso, na opinião de Kohut, não tem dimensões patológicas em todos os casos.

Para Kernberg, por outro lado, o si-mesmo ostentoso é uma

> condensação patológica de alguns aspectos do si-mesmo real (a "característica distintiva" da criança reforçada pela experiência inicial), do si-mesmo ideal (as fantasias e imagens do si-mesmo de poder, riqueza, onisciência e beleza que compensavam a criancinha pela experiência de severa frustração oral, raiva e inveja) e do objeto ideal (a fantasia de um pai ou mãe sempre generosos, sem-

pre amorosos e receptivos, em contraste com a experiência da criança na realidade; uma substituição do objeto parental real desvalorizado) (Kernberg, 1975, p. 265-266).

Está claro que as observações e hipóteses de Kernberg concernentes ao si-mesmo ostentoso não descrevem necessariamente os mesmos fenômenos mentais como o fazem as de Kohut. Na opinião de Kernberg, o si-mesmo ostentoso origina-se em uma defesa na qual o eu, identificando-se com este senso de ostentação, afasta todas as relações humanas íntimas e provoca solidão isoladora. Esta forma de si-mesmo ostentoso faz parte de um fenômeno a que Kernberg chama de "narcisismo patológico". A autoestima de alguém afligido por esta enfermidade permanece na ilusão da própria grandeza particular. Desprovida de confiança, tal pessoa mantém os demais a distância ou desvaloriza-as desde que não desempenhem o papel de uma reverberação admiradora. Nada obstante suas fantasias ostentosas, porém, o narcisista patológico conserva a capacidade para o teste de realidade.

Todo o problema do si-mesmo ostentoso em relação aos distúrbios de autoestima exige ulterior elaboração. Parece-me que a maioria das pessoas têm fantasias secretas de ostentação, cujos impactos se liberam do inconsciente. Tais fantasias, no entanto, são protegidas por sentimentos de vergonha, e quase nunca admitidas à consciência, muito menos verbalizadas. Tem-se vergonha de ser visto como pretensioso e, como defesa, tenta-se parecer o mais humilde possível.

Qual é a diferença entre o "si-mesmo ostentoso" e o si-mesmo em sentido junguiano? Aqui, é necessário algumas observações. O desenvolvimento do eu envolve lutar com as limitações da própria personalidade, ou compreender, conforme salientou Margaret Mahler, que "Eu não sou perfeito ou onipotente; sou pequeno e 'dependente'". Mas isto não significa que "perfeição" ou "onipotência percam sua influência como fantasias arquetípicas centrais. Ao contrário, estas qualidades são projetadas na e junto com a imagem que alguém tem de Deus. Visto que somente Deus é perfeito e onipotente, o eu pessoal pode e deve diferenciar-se do si-mesmo ostentoso, que se apropria daquelas qualidades para si mesmo. O eu deve ser humilde e reservado em face da divindade – uma exigência de praticamente toda religião. "Húbris" – o desejo de ser divino – é considerado pela maioria das religiões como o pior de todos os erros, e um insulto a Deus. Quando Jung equiparou o si-mesmo à imagem de Deus na alma humana, ele envidou todos os esforços para diferençar o eu do si-mesmo. Isto precisa ser repetidamente enfatizado. Em prol da saúde mental, o eu não deveria nem se tornar identificado com o si-mesmo, nem "divinizado", a fim de que não sucumba à "presunção".

Na primeira infância, o eu e o si-mesmo (em sentido junguiano) são fundidos intimamente de modo completo. O eu ainda não se tornou diferenciado do si-mesmo, ou ainda não se tornou um centro da consciência relativamente autônomo. Entretanto, quando falamos de adultos que têm um "si-mesmo ostentoso", sugerimos que há também um setor da personalidade deles, no qual os limites entre o eu e o si mesmo não são claramente demarcados. O eu cônscio tem uma tendência a ou tornar-se envolvido em noções de perfeição ou a sentir-se ameaçado por elas. Então, a apreciação que se faz de si mesmo se torna distorcida até certo ponto. Conforme disse, provavelmente há poucas pessoas para as quais, em alguma área da personalidade, o eu e o si mesmo não se fundam de quando em quando, resultando em flutuações leves ou sérias da autoestima (cf. tb. Jacoby, 1990, p. 93).

O intenso impacto do si-mesmo ostentoso no estado subjetivo de alguém é uma experiência pessoal que precede qualquer perspectiva psicodinâmica que lhe aplicarmos. Pessoas que sofrem da assim chamada "ostentação narcisista" identificam-se em certa medida com seus si-mesmos ostentosos, embora sua aptidão para o teste de realidade e seu senso fundamental do si-mesmo (Stern) permaneçam intactos. (A identificação completa com o si-mesmo ostentoso resultaria em delírios psicóticas de grandeza.) Contudo, para muitas pessoas, as fantasias do si-mesmo ostentoso são tanto constrangedoras quanto agradáveis. Essas pessoas sentem que suas fantasias ostentosas as colocam na incômoda posição de ansiar por estima e admiração, embora também receiem tais coisas. Elas podem ter dificuldade em lidar com o louvor e os elogios, visto que seu desejo de serem admiradas está repleto de vergonha. E, mesmo assim, se não obtêm a atenção e a admiração que desejam, sentem-se magoadas e ofendidas.

Gostaria de dividir os impactos do si-mesmo ostentoso sobre a autoestima em três amplas categorias: 1) identificação do eu com o si-mesmo ostentoso; 2) o si-mesmo ostentoso como um estímulo à ambição e à necessidade de admiração; e 3) o si-mesmo ostentoso como exigência impossível.

Identificação do eu com o si-mesmo ostentoso

Aqui, a pessoa tem a sensação de ser muito "especial" – excepcionalmente talentosa, atraente, inteligente ou qualquer valor que ocupe o mais alto degrau em nossa escala particular. A fantasia de ser admirado por todos no mundo é importante parte disso. Às vezes, há uma crença em que determinadas regras e limitações, embora necessárias para os outros, a fim de que os seres humanos possam conviver, não precisam ser aplicadas a tal pessoa. Ela considera-se uma exceção e conta com ser tratada em conformidade pelos outros. Em termos junguianos, este estado seria chamado de inflação psíquica, significando que o eu está "inchado" (*aufgeblasen*) por uma imagem arquetípica.

Como quer que seja chamada, tal ostentação provoca um sentimento de sobranceria que, em casos extremos, pode levar a comportamento submaníaco. Quando resulta em perda do teste de realidade, falamos de delírios de grandeza ou de psicose maníaca. Na maioria dos casos, porém, tal ostentação manifesta-se principalmente em afetação de superioridade de todo tipo – exemplos disso sobejam não apenas no mundo do cinema e do teatro, mas também no esporte, na política e na ciência. Várias pessoas, no auge de sua fama e glória, acham difícil reunir as energias mentais para suportar a constante adulação de um público que os vê como astros luminosos no céu. Pensamos nas tragédias de Marilyn Monroe, Maria Callas, ou até mesmo de gurus como Baghwan Rajneesh. Uma pessoa cujo eu é identificado com o si-mesmo ostentoso exige confirmação contínua vinda de fora; sem admiradores reais ou, em emergências, fantasiosos, ela perde o equilíbrio. Quando a identificação do eu com o esplendor do si-mesmo ostentoso é rompida, tudo o que resta é um sentimento de vazio. A mais leve crítica ou questionamento pode fazer desmoronar uma fantasia ostentosa como um castelo de cartas.

Naturalmente, é necessário avaliar qual a base que o senso da própria grandeza de uma pessoa pode ter na realidade e até que medida ele pode divergir da realidade. Afinal, certas pessoas são excepcionais. Testemunhamos também inchaços temporários que fornecem à pessoa energia suficiente para realizar determinadas conquistas e posteriormente são modificadas pela autoestima real. Contudo, frequentemente a identificação com o si-mesmo ostentoso é uma compensação para o medo de que a pessoa, na verdade, seja um nada desprezado, merecedora de infinda vergonha.

O si-mesmo ostentoso como estímulo para a ambição e para a necessidade de ser admirado

Neste caso, o eu está consciente de que está longe do que poderia ter alcançado. O si-mesmo ostentoso exerce intensa pressão para seguir suas exigências de perfeição. Conforme observou corretamente Kohut, tais demandas podem incitar uma pessoa naturalmente talentosa a grandes alturas de realizações, mas normalmente têm como resultado apenas oprimi-la. Sob a pressão do si-mesmo ostentoso, o eu pode não ser capaz de aceitar que "nenhum mestre jamais caiu do céu como uma estrela". Em vez disso, ele insiste em que se deveria ser capaz de fazer tudo imediatamente – e melhor do que qualquer outra pessoa –, do contrário, sentimentos de vergonha e de inferioridade assumem o controle. Isto pode acontecer na mais ampla variedade de contextos profissionais ou criativos, a miúdo tornando difícil para a pessoa suportar pacientemente os estádios pelos quais passam sua vida e educação.

O si-mesmo ostentoso está por trás do impulso para esforçar-se pela perfeição e é, deste modo, uma força estimulante. Se a pessoa é capaz de estabelecer metas realistas, isto pode ser um genuíno auxílio para a conquista. Todavia, tão logo alguém se torna controlado, precisando obter "grandeza" a todo custo, isto torna-se destrutivo. Em casos patológicos, pode levar a pessoa a fraudes, tramoias e enganos.

O si-mesmo ostentoso como exigência impossível

Neste caso, a exigência de perfeição do si-mesmo ostentoso resulta em uma crítica devastadora das próprias insuficiências da pessoa. Em um livro anterior, tentei fazer uma análise minuciosa deste aspecto do si-mesmo ostentoso, considerando-o um dos efeitos mais graves do distúrbio narcisista (Jacoby, 1990). Aqui, a personalidade é dominada por uma noção de perfeição largamente inconsciente, à luz da qual tudo o que alguém é ou faz parece completamente sem valor. Somente pouquíssimos indivíduos acometidos por este problema estão conscientes de que as raízes de sua impiedosa autodepreciação jazem em suas próprias fantasias ostentosas. A maioria sente apenas dor e uma sensação de inferioridade. Se deveras alimentam fantasias de grandeza, é improvável que tais indivíduos as admitam e ainda muito menos provável que as verbalizem. Devido ao fato de estas fantasias estarem tão profundamente impregnadas de vergonha, interpretá-las na análise exige grande tato e sensibilidade por parte do terapeuta. Sem tal delicadeza, provavelmente o cliente verá os comentários como acusações desdenhosas e sentir-se-á não apenas inferior e desajustado por causa delas, mas também culpado de ridículas fantasias de ostentação. As ilimitadas reivindicações do si-mesmo ostentoso inibem todos os esforços criativos porque submetem toda tentativa de expressão a impiedosa crítica. Os sentimentos de inferioridade e de vergonha não estimulam a expressão das próprias ideias.

Nas psiques de tais pessoas, pode ainda estar em vigor um padrão de interação da primeira infância em que uma figura ou figuras parentais impuseram excessivamente altas exigências a seu filho, resultando em mútua decepção. Os sentimentos de "onipotência" da criança deparam-se cedo demais com uma atitude "de quem sabe melhor" por parte de seus pais pouco empáticos, tendo como consequência o sentimento básico de que: "Não posso realmente corresponder às exigências da vida, é inútil tentar mudar a situação".

Em tais pessoas, o si-mesmo ostentoso ridiculariza toda pitada de ambição e paralisa toda faísca de iniciativa, temendo que estas possam ser julgadas depreciativamente. Em casos mais sérios, o indivíduo pode ser afligido por depressão e por um sentimento subjacente de que não tem o direito de existir. Erich Neumann, que viu esta atitude como o resultado de um "relacionamento primordial" (*Urbeziehung*) danificado, ofereceu a seguinte descrição:

> A Figura da Grande Mãe do relacionamento primordial é uma deusa do destino que, por seu favor ou desfavor, decidia a respeito da vida e da morte, de um desenvolvimento positivo ou negativo; ademais, sua atitude é o julgamento supremo, de modo que sua deserção é idêntica à culpa anônima por parte da criança (Neumann, 1988, p. 87).

Em minha experiência, o efeito psicológico de uma autoridade tão onipotente e deslustradora é mais do que um sentimento de culpa anônima. Significa também ser envergonhado a cada momento. Se alguém não tem o direito de existir, seria melhor não ser visto. A pessoa sente que é, de algum modo, um leproso, que precisa ter vergonha até mesmo de querer pertencer à raça humana, muito menos fazer qualquer reivindicação à vida ou a outras pessoas. Naturalmente, as reivindicações não podem ser completamente reprimidas, de modo que emergem em maneiras indiretas, complexas e ambivalentes, a ponto de o próprio parceiro dificilmente poder atendê-las.

Descrevi aqui o fenômeno da depressão narcisista, que pode ser vista como um caso extremo de autoestima danificada, no que o senso de autoestima de uma pessoa é constantemente afligido por um si-mesmo ostentoso impiedoso, reprovativo e repudiante.

O si-mesmo ostentoso exigirá ulterior discussão – especialmente com respeito à questão de como lidar psicoterapeuticamente com seus vários impactos e manifestações. Contudo, isto conclui minhas observações sobre as origens da autoestima e de seus distúrbios.

4
A psicogênese da vergonha e da suscetibilidade à vergonha

Neste capítulo, concentrar-me-ei nos vários aspectos da vergonha e da suscetibilidade à vergonha, incluindo suas configurações neuróticas. Gostaria de começar por resumir os pontos de vista mais importantes que têm sido propostos sobre o assunto. A vergonha exerce uma função essencial; sem a vergonha e a restrição que ela impõe, até mesmo a mais rudimentar forma de civilização seria impensável. A vergonha é um fenômeno altamente complexo, que estimula tanto a adaptação do indivíduo às normas e à moral coletivas quanto a proteção de sua privacidade. Neste sentido, a vergonha pode ser associada a um guarda fronteiriço que pune aqueles que ultrapassam os limites do senso de dignidade e respeitabilidade de um código moral particular. A transgressão de tais fronteiras ofende a boa moral e pode resultar em sanções sociais ou, no mínimo, em certa perda de prestígio.

A vergonha também estabelece limites para o contato interpessoal, protegendo, assim, a individualidade e a identidade. A vergonha pode ser uma escala precisa das emoções que regulam proximidade e distância em nossos relacionamentos mais íntimos.

Assim, a vergonha tem duas funções bem diferentes. Seguindo-se a distinção de Aristóteles, devemos diferenciar entre aquelas coisas que causam vergonha porque ofendem a opinião geral, e aquelas que são vergonhosas porque ofendem a verdade pura. No primeiro caso, violamos o mandado de comportar-nos de acordo com normas e expectativas sociais; no segundo, violamos um sistema de valores interior, psíquico. Portanto, em um aspecto, a vergonha ajuda na adaptação social, enquanto em outro aspecto, preserva a integridade pessoal. O potencial de conflito entre estes dois aspectos é fundamental para a natureza dos seres humanos e leva a confrontos vitais para o processo de individuação.

Tais confrontos são muitas vezes uma questão de controverter um código moral que alguém adotou sem reflexão. A pessoa pode precisar des-absolutizar um padrão de valores coletivos, internalizados, a fim de alterar o limiar da vergonha. Nesse processo de emancipação, as coisas que antigamente eram vergonhosas podem chegar a provocar novas reações. Na melhor das hipóteses, pode acontecer uma mudança em favor da integridade pessoal e da verdade pura, preparando o caminho para um confrontamento com a opinião geral.

Vergonha como emoção inata

A vergonha, foi dito, é uma emoção inerente aos seres humanos – uma experiência arquetípica. Nada obstante, cada indivíduo tem uma história singular de desenvolvimento da vergonha. Destarte, uma importante questão concerne a até que ponto podemos rastrear retrospectivamente as raízes da vergonha na vida de uma criança. Aqui é interessante a pesquisa de Tomkins (1963), que observou os primeiros sinais de vergonha em bebês de 6 a 8 meses de idade. Spitz (1965) também percebeu o que ele descreveu como um medo de rostos estranhos, a assim chamada "ansiedade dos oito meses", em bebês desta idade.

> Se um estranho se aproxima dele, isto desencadeará um comportamento inconfundível, característico e típico na criança; ela mostra variáveis intensidades de apreensão ou de ansiedade, e rejeita o estranho. Contudo, o comportamento individual da criança varia ao longo de uma sucessão bastante ampla. Ela pode abaixar os olhos "timidamente", pode cobri-lo com as mãos, levantar a roupa para cobrir o rosto, jogar-se de bruços em seu berço e ocultar o rosto nos cobertores, pode chorar ou gritar. O denominador comum é a rejeição do contato, um virar as costas, com uma nuança

de ansiedade mais ou menos evidente (Spitz, 1965, p. 150).

Tomkins (1963), bem como Nathanson (1987a), identificou sinais de recusa ao contato (ao que Spitz chama "ansiedade") como traços típicos da emoção básica da vergonha/timidez. Com base nestas características, Tomkins descreveu a vergonha como uma emoção inata (Nathanson, 1987a, p. 12), a ser diferençada do medo, outra emoção inata (cf. tb. Izard, 1977). Isto sugeriria que, junto à ansiedade, ou até mesmo no lugar dela, os primeiros sinais de vergonha aparecem na idade dos 6 aos 8 meses, quando não mais cedo.

De acordo com Spitz, a ansiedade dos oito meses é um indício de que o bebê atingiu a capacidade de distinguir entre o rosto da mãe e o dos estranhos, capacidade que alguns pesquisadores situam até mesmo em períodos anteriores. Seja como for, esta ansiedade ou reação à vergonha parece perfeitamente compreensível, considerando-se que o contato visual e a relação "face a face" são de importância vital para qualquer tipo de laço afetivo. Normalmente os bebês sentem grande interesse e alegria em explorar os rostos de suas mães. Se uma criança se volta para sua mãe na expectativa de encontrar o "brilho em seus olhos" (Kohut), mas depara-se, em vez disso, com um rosto estranho, seu envolvimento curioso, cheio de expectativas é bruscamente rompido. A reação do bebê tem todas as características da vergonha que conhecemos a partir da experiência dos adultos.

Com base nestas observações, Tomkins supôs que os primeiros sinais de vergonha (como emoção inata) sempre aparecem em conexão com um interesse despertado. Interesse e alegria encontram-se entre aquelas emoções inatas dotadas de um tom emocional positivo, como opostas a emoções inatas de tom emocionalmente negativo, como a vergonha. Uma vez que, de acordo com a hipótese de Tomkins, a vergonha sempre se segue ao interesse por algo, ela tem a função de estabelecer limites ao interesse e à necessidade de explorar – os quais, de outra sorte, poderiam tornar-se excessivos.

Devo admitir que, a princípio, tive algumas dificuldades com esta hipótese que atribui às primeiras reações de vergonha do bebê a nada mais grave do que confundir o rosto de um estranho com o de sua mãe. Compreendi que todos nós, como adultos, já sentimos o embaraço de acenar para uma pessoa que se aproxima, pensando tratar-se de um amigo, somente para descobrir que se trata de alguém completamente diferente. Ainda assim, pergunto-me: tal embaraço poderia realmente originar-se em mecanismo tão precoce da vergonha inata? A hipótese de que a função da vergonha é estabelecer as fronteiras do "interesse" do bebê, com seu consequente comportamento exploratório e/ou alegria extravagante, tornou-se-me mais plausível quando reconheci similaridades entre esta emoção e a descrição de Winnicott da "preocupação" da primeira infância. Esta última, diz Winnicott, manifesta-se inicialmente na mesma idade, e forma a base para o futuro desenvolvimento da consideração por outras pessoas (Winnicott, 1990, p. 73-82).

Em sua pesquisa, Spitz descobriu que bebês diferentes expressam a ansiedade dos oito meses de maneiras diversas e em vários graus de intensidade. Por conseguinte, ele coloca a questão: "Podemos pressupor que as diferenças no comportamento individual estão de algum modo ligadas ao clima afetivo no qual a criança foi criada?" (Spitz, 1965, p. 150). Tomkins também viu como autoevidente a proposição de que a vergonha inata se desenvolve a partir de um mecanismo de estímulo-resposta inato para uma forma de comportamento aprendida e mais generalizada. A partir do momento em que a criança aprende a distinguir o rosto de sua mãe do de um estranho, consoante Tomkins, "a vergonha é inevitável para qualquer ser humano, na medida em que o desejo supera suficientemente a satisfação para atenuar o interesse sem destruí-lo" (Tomkins, 1963, p. 185).

Para completar as observações de Spitz e a hipótese de Tomkins, penso que deveríamos admitir a possibilidade de que a ansiedade ou a vergonha do bebê possam ser causadas não apenas pelo rosto de um estranho, mas também pelo rosto "estranho" de seu pai ou mãe, ou cuidador[4]. Até mesmo um pai e uma mãe suficientemente bons estão sujeitos a humores, tornando improvável que se voltem sempre para seu filho com o mesmo rosto familiar. Isto nos ajudaria a compreender a frequente ligação entre o espelhamento paternal que não inspira confiança e a suscetibilidade à vergonha. Quando um pai ou uma mãe não comparte o interesse alegremente comunicado da criança, seu rosto parecerá um tanto estranho (ou indisposto, como os adultos podem dizer). O sentimento de rejeição resultante, a interrupção do contato ou o ser empurrado de volta para si mesmo podem ter como consequência envergonhar a criança, e não precisam ser expressos em palavras a fim de terem um impacto.

Em minha opinião, estas considerações acrescentam credibilidade à suposição de Tomkins de uma relação entre a "ansiedade provocada pelo estranho" e os mecanismos que produzem a vergonha primordial. Quem já não se sentiu desapontado quando uma questão da maior importância para nós não consegue interessar a alguém que nos

---

4. Contudo, descobertas mais recentes dos que fazem pesquisas com criança deveriam ser acrescentadas no que respeita a essa hipótese. Por volta dos 2-3 meses, os bebês reconhecem o rosto de suas mães, mesmo quando ele expressa uma variedade de emoções e de humores. Os bebês, portanto, compreendem a identidade do rosto mesmo quando sua aparência é alterada (Stern, 1985, p. 87s). É claro que o estado emocional do cuidador e a forma como ele o expressa influenciam consideravelmente as emoções da criança.

é próximo, deixando-nos em uma posição difícil, suscitando dúvidas a respeito de se a questão, afinal, tem algum valor? No exercício de minha profissão, percebo que os analisandos muitas vezes abstêm-se de trazer à tona questões emocionalmente importantes porque têm medo – consciente ou inconscientemente – de me indisporem com eles, atraindo, assim, sobre si mesmos, desonra e escárnio. Por outro lado, é uma função essencial do comportamento social estabelecer limites à curiosidade desavergonhada e ao instinto de explorar – até mesmo à ilimitada alegria, caso ela, de algum modo, produza impressão desagradável em outrem. Poucas pessoas desejam ser vistas como importunas, curiosas, imprudentes ou arrogantes. A maioria de nós ficaria mais ou menos envergonhada.

Vergonha e as formas organizacionais do sentido do si-mesmo

Creio que o que foi dito acima fornece o suporte para uma perspectiva junguiana da vergonha como uma emoção que é arquetipicamente inerente ao ser humano. Contudo, o papel que a vergonha desempenha na vida de determinada pessoa depende em grande medida da autoimagem e da autorrepresentação de tal indivíduo. Em outras palavras, a história particular da experiência de vergonha de cada pessoa está intimamente ligada ao desenvolvimento de sua autoestima. No mito bíblico do

Paraíso, a vergonha surge pela primeira vez em conexão com uma consciência em crescimento. Esta consciência alvorecente diz respeito à separação do si-mesmo em relação aos outros (Eva) e a Deus, e resulta na perda do Paraíso e da integridade original.

Em alguns aspectos, este acontecimento mítico pode ser comparado a determinadas características daquela fase do desenvolvimento da infância que Daniel Stern, que faz pesquisa com crianças, chamou de "senso verbal do si-mesmo", durante a qual se dá a primeira crise de autocompreensão da criança (15 a 18 meses). A essa altura, a criança é capaz de reconhecer-se no espelho – desenvolveu uma capacidade rudimentar de transformar a si mesmo em objeto. Conseguintemente, um "si--mesmo objetivo" nasceu, e posiciona-se contra o "si-mesmo meramente subjetivo" das fases anteriores. Pela primeira vez, a criança experimenta a si mesma como dividida em duas e "enluta-se" pela perda da indivisibilidade de sua experiência ancestral (perda do Paraíso). A capacidade de experimentar a vergonha, portanto, aparece primeiramente em conexão com a compreensão de que o si-mesmo pode também ser visto de fora. O si-mesmo "subjetivo" de alguém agora começa a fazer um retrato de si mesmo, por assim dizer, e a desenvolver uma atitude – ainda que rudimentar – em relação a ele. Neste estádio, as crianças referem-se a si mesmas na terceira pessoa, frequentemente aplicando a si próprias os mesmos julgamentos que ouviram de outros relevantes. Por exemplo, ouve-se um menino dizer a respeito de si mesmo: "Joãozinho é bom" ou "Joãozinho é mau". Se Joãozinho, por acaso, for "mau", ele pode jogar fora um brinquedo que representa "Joãozinho", porque o que é mau merece ser rejeitado. Aqui se podem observar as origens daquele fenômeno pelo qual tratamos a nós mesmos da mesma maneira que nossos outros relevantes nos trataram na infância.

No entanto, embora uma consciência rudimentar da vergonha não possa aparecer antes da fase do si-mesmo verbal, as origens da vergonha jazem no si-mesmo "subjetivo" desenvolvido mais cedo, conforme Tomkins provavelmente estava correto ao presumi-lo. A maneira pela qual experimentamos os outros relevantes quando atendem às necessidades de nossos corpos infantis influencia-nos ao nível do "si-mesmo nucleal". Isto, mais do que se parecemos astros do cinema, pode determinar quanto nos sentimos à vontade com nossos corpos. No outro extremo, podemos ter tanta vergonha de nossos corpos, que quase não conseguimos viver com ou neles. Geralmente se sabe que a vergonha acerca do si-mesmo corporal está com frequência ligada a desordens emocionais.

A suscetibilidade à vergonha é muito comum no nível do "senso subjetivo do si-mesmo", com sua necessidade de mutualidade. Anteriormente, em minha discussão da hipótese de Tomkins, ponderei que a vergonha tende a aparecer quando nossa necessidade de conexão com a alma não é suficientemente atendida e ficamos abandonados com nossos sentimentos, pensamentos e intuições. Se não encontramos nenhuma boa aceitação ou reflexo, não nos sentimos compreendidos e valorizados. Consequentemente, podemos ficar envergonhados por termos tido necessidades de mutualidade e conexão em primeiro lugar, e decidimos conservá-las para nós mesmos no futuro. Este tipo de ansiedade decorrente da vergonha, que se estende por um período de tempo, contribui para a "vulnerabilidade narcisista". Isto empresta plausibilidade à hipótese proposta por vários escritores de que pessoas narcisistas não tiveram suas primeiras necessidades intersubjetivas satisfeitas com empatia suficiente; sentiram-se emocionalmente abandonadas (Kohut, 1971a, 1977; Asper, 1993).

Sentimentos de vergonha podem ser observados até mesmo no campo do "senso emergente do si-mesmo"[5]. Penso, por exemplo, nas pessoas que têm dificuldades de aprendizado, que não têm a paciência para completar cada etapa de um processo. Têm vergonha de serem iniciantes, de não saberem tudo. Como a deusa Atenas, brotando

---

5. Nada obstante, isto não significa necessariamente que os primeiros sinais das emoções de vergonha se manifestem nos primeiros dois ou três meses de vida.

completamente armada da cabeça de Zeus, elas esperam que suas habilidades sejam plenamente desenvolvidas desde o começo. Naturalmente, amiúde se discernem as exigências do si-mesmo ostentoso em tais expectativas, mas também é possível que elas brotem da impaciência e das reivindicações excessivas por parte de outros relevantes no começo da vida.

As formas organizacionais do senso do si-mesmo descritas por Stern, cada uma "nascida" em um ponto decisivo do desenvolvimento da primeira infância, determinam os elementos básicos da autocompreensão de uma pessoa. Conforme mencionado, esta autocompreensão depende dos padrões relacionais iniciais, especialmente das expectativas, imagens e sentimentos que tais interações deixaram no inconsciente. As fantasias a respeito de como eu, enquanto pessoa, sou experimentado e visto pelos outros, desempenham papel importante em relação à vergonha. Muitos adultos sofrem de uma discrepância entre tais fantasias – modeladas por interações com figuras da primeira infância – e da realidade atual. No caso de problemas de vergonha neurótica, as fantasias de estar sendo envergonhado normalmente não correspondem à realidade atual. Esta discrepância muitas vezes emerge nas transferências estimuladas pelo processo psicoterapêutico. Terei outras coisas a dizer a este respeito em um capítulo posterior.

A qualidade do cuidado que um bebê recebe depende, naturalmente, do potencial psíquico e da "equação pessoal" de seus pais. É altamente improvável que a harmonia prevaleça em todas as áreas – nem seria propícia para o crescimento da independência da criança. Normalmente há determinadas áreas em que a criança e o cuidador combinam, enquanto certa falta de empatia pode caracterizar outras. O resultado pode ser que a criança tenda a ser autoconfiante em algumas áreas – digamos, no campo do si-mesmo nucleal e em seus sentimentos corporais –, enquanto a inibição e a suscetibilidade à vergonha limitam-na em outras – digamos, na esfera da conexão psíquica e emocional. Frequentemente, a esfera verbal, racional é enfatizada à custa da espontaneidade no reino do corpo e dos instintos, ou no da intuição. Determinar até que ponto isto representa um desenvolvimento de talento natural, ou a realização de preferências parentais exigiria uma análise completa. Entretanto, sabemos, de fato, que insuficiências em uma área são compensadas muitas vezes por eficácias em outra. Uma sensação básica de ser "não amado" em todas as esferas provoca um sentimento subjacente de ser totalmente rejeitado, e este problema vem acompanhado por intensa suscetibilidade à vergonha. Isto prepara o terreno para graves patologias de toda espécie, desde o comportamento completamente antissocial ao destrutivamente viciante. Algumas pessoas podem buscar refúgio contra tais sentimentos de inutilidade comprometendo-se com programas pretensiosos, que exigem sacrifício pessoal. Esta formação reativa socialmente sancionada pode tornar-se uma necessidade exagerada, viciante de ajudar, na qual a pessoa sente que "o único jeito de desvencilhar-me de minha indignidade vergonhosa é sacrificar-me em favor dos outros". Posto que tal atitude possa coincidir com virtudes cristãs altamente apreciadas, surge um problema com a urgência da necessidade do ajudante de ajudar. Ironicamente, nestes casos, a pessoa que está sendo ajudada, na verdade ajuda o ajudante – ao proporcionar-lhe uma maneira de superar seus sentimentos de indignidade vergonhosa (Schidbauer, 1977). Ajudantes são dependentes daqueles a quem ajudam, sem os quais cairiam no abismo insondável de seu senso de inutilidade e de falta de sentido. E isto pode levar à atitude oposta sua disposição em ajudar.

A teoria psicanalítica da vergonha: Erik Erikson

Finalmente nos voltamos para a teoria clássica da vergonha e seu desenvolvimento inicial apresentado por Erik Erikson (1950). Erikson observou uma estreita conexão entre a origem da vergonha e a compreensão da criança de sua posição ereta e exposta. Esta compreensão acontece durante o que a psicanálise descreveu como a fase "anal" do desenvolvimento – devido à sua correlação com a maturação dos músculos do esfíncter. Aprender a "soltar" e a "segurar" as fezes estabelece o estádio para a experimentação com duas séries correspondentes de modalidades sociais. Ao mesmo tempo, a criança começa a "firmar-se sobre seus próprios pés" e, assim, entra em um novo mundo de experiências. Erikson, portanto, enxergou o aspecto mais essencial desta fase como uma polaridade de "autonomia versus vergonha e dúvida" (1950, p. 251ss.). Naturalmente, é tarefa do cuidador sempre que possível apoiar os passos da criança rumo à autonomia, bem como protegê-la das experiências absurdas e arbitrárias de vergonha e dúvida.

Esta polaridade envolve um perigo potencial a que Erikson alude com razão. Se à criança for negada a experiência gradual de crescente autonomia e livre-escolha, ela voltará contra si mesma todos os seus impulsos para discriminar e manipular. Desenvolverá uma consciência precoce[6], uma tendência a manipular-se excessivamente. Em vez de tomar posse do mundo dos objetos e fazer experiências com eles, a criança concentrar-se-á compulsivamente em suas próprias funções corporais.

Nesta fase, a criança também compreende que tem um lado anterior e outro posterior. O lado pos-

---

6. No lugar da palavra "consciência", eu colocaria "função prematura de auto-observação interior", visto que não é apenas questão de ser punido, mas também de ser envergonhado.

terior do corpo, o "traseiro" e todas as sensações localizadas dentro dele estão fora do alcance da vista da criança e sujeitas à vontade dos outros. Deste modo, estas áreas frequentemente suscitam sentimentos de vergonha e de insegurança, que Erikson descreveu graficamente como segue:

> O "traseiro" é o continente escuro do pequeno ser, uma área do corpo que pode ser magicamente dominada e eficazmente invadida por aqueles que atacariam o próprio poder de autonomia de alguém, e que designariam como maléficos aqueles produtos dos intestinos durante cuja evacuação a pessoa se sentia bem (Erikson, 1950, p. 253).

Erikson refere-se aqui à fantasia que pode atormentar enormemente as pessoas propensas à vergonha. Tem a ver com um vergonhoso ruminar a respeito do que alguém "entregou" de si mesmo a outros de modo incontrolado, ou com dúvidas a respeito do que "deixou para trás". Tais dúvidas amiudadas vezes levam a um comportamento compulsivamente controlador. Penso, por exemplo, em pessoas que jamais estão seguras a respeito de se deixaram as coisas em ordem quando saíram de casa – se realmente desligaram o fogão ou fecharam a porta à chave. Às vezes estes sintomas compulsivos vêm acompanhados por alta suscetibilidade à vergonha, mas nem sempre. Posso recear ter dito coisas embaraçosas ou vergonhosas das quais não tinha consciência, ou, de outra sorte, ter causado má impressão. Então, sinto-me forçado a rever cada palavra e interação, em busca de conotações suspeitas. Se pudesse, tentaria excluir todas essas possibilidades perguntando aos interessados se ainda estamos de boas relações e, assim, assegurar-me de que realmente não causei má impressão. Todavia, uma vez mais, normalmente a vergonha me impede de agir assim.

A opinião de Erikson confirma a importância decisiva das interações com cuidadores nesta fase para determinar o relacionamento que se desenvolverá posteriormente entre amor e ódio, colaboração e obstinação, liberdade para a autorrealidade e sua negação.

> De um senso de autocontrole, sem perda da autoestima, provém um duradouro senso de boa vontade e de orgulho; de um senso de perda do autocontrole e de um estranho supercontrole provém uma persistente propensão à dúvida e à vergonha (Erikson, 1950, p. 254).

Nesta fase, a criança é particularmente suscetível de ser envergonhada – quer seja o resultado de um deliberado método de puericultura, quer de inconsideração sem empatia. A crescente percepção da criança de sua pequenez já é um golpe em sua autoconfiança. O sentimento de ser pequeno desenvolve-se primeiramente quando a criança aprende a ficar de pé e começa a tornar-se consciente de como são relativas as medidas de tamanho e de poder.

Segundo Erikson, a vergonha está ligada ao ser visto pelos outros, e é, portanto, anterior a um senso de culpa no qual a pessoa está sozinha com a voz do superego ou do "outro" internalizado. Uma pessoa que está envergonhada está exposta aos olhos do mundo, como em um sonho de vergonha, no qual o sonhador não se encontra completamente vestido, ou está usando pijama em público, ou é pego "com as calças arriadas".

Erikson apresentou a notável tese de que a vergonha – o impulso para esconder a própria face ou afundar no chão – na verdade expressa raiva, embora essa raiva seja voltada contra o si-mesmo. Alguém cheio de vergonha gostaria de forçar o mundo a desviar o olhar a fim de impedir que sua situação vergonhosa seja vista. Se pudesse, desviaria os olhos condenatórios do mundo, mas na falta disso, só pode desejar tornar-se invisível. Assim, uma pessoa que foi excessivamente envergonhada pode ter uma determinação secreta de safar-se das coisas, mas também pode ostentar um descaramento desafiador. Tais reações formativas contra a suscetibilidade à vergonha não deveriam escapar ao olho do psicoterapeuta.

Em muitos aspectos, Erikson situa-se aqui sobre o chão firme da teoria psicanalítica das pulsões, a qual vê a vergonha como uma reação formativa a impulsos exibicionistas (Freud, 1965; Jacobson, 1964). De acordo com esta teoria, os sentimentos de vergonha se manifestam sempre que a consciência inibe o ingente desejo de mostrar-se. Em tais casos, os sentimentos de vergonha, mais do que de prazer e de desejo, acompanham a atividade sexual, embora determinada quantidade de excitação acrescentada à vergonha sugira um impulso exibicionista subjacente. Em reação ao incômodo remorso de consciência, a pessoa sente-se repentinamente envergonhada de querer exibir algo – quer este algo seja de natureza sexual, quer geralmente de natureza narcisista.

De quando em vez, a consciência pode ser a voz de proibições estritas, provenientes da infância, que ainda exercem um efeito sancionador. Os impulsos exibicionistas são percebidos como perigosos porque têm características agressivas e competitivas, que podem provocar em outras pessoas o desejo de vingança. É possível fazer os outros sentirem vergonha e inveja quando alguém lhes chama a atenção para os próprios rendimentos ou ao exibir-lhes seu carro esportivo caro. Há pessoas que se sentem envergonhadas todas as vezes que defendem algo em que acreditam, se autoafirmam ou desejam estar no centro das atenções (Miller, 1985, p. 33).

Em vários aspectos, a interpretação eriksoniana descrita acima parece bastante convincente. Está fundamentada no que se tornou a visão psicanalítica "clássica" dos impulsos instintivos que subjazem a nossas atitudes e comportamentos sociais elementares. Por outro lado, uma psicologia holística, que enfatiza o si-mesmo e seu desenvolvimento, situa os desejos exibicionistas e sua supressão dentro da moldura de toda a personalidade. Nesta perspectiva, tanto a autoexibição quanto o desejo de ser visto, seja a curiosidade, seja o desejo de ver são fundamentais para nosso ser físico, psíquico e social. Podem ser descritos como padrões arquetípicos de experiência e de comportamento. Como tais, estão conectados à esfera sexual, mas não limitados a ela. Kohut viu as necessidades "narcisista-exibicionistas" do bebê e da criancinha como decisivas para o desenvolvimento do si-mesmo – e enfatizou que a mãe deveria aceitar tais necessidades com empatia e alegria.

Ao mesmo tempo, escreve Kohut, "a frustração ideal" é necessária para a fixação gradual de limites e de uma aceitação da realidade e de seus limites (Kohut, 1977, p. 123ss.). Eu acrescentaria que os sentimentos de vergonha agem como "guardiães" destes limites – fazendo-se incomodamente conhecidos sempre que tais limites são infringidos. No entanto, conforme mencionado anteriormente, estes limites devem ser flexíveis, em vez de estreitos e rígidos, a fim de que uma pessoa alcance a autorrealização.

A exibição neurótica de agressão às vezes provém de um medo de retribuição ou de punição. Mas se tal inibição é experimentada mais como ansiedade decorrente da vergonha, pode estar conectada ao medo da desaprovação. A pessoa corre o risco de parecer intrometida e de ser rejeitada sempre que solicita atenção ou reivindica espaço para si. E se sofre da falta de autoestima, até mesmo o menor indício de rejeição provoca mágoa e sofrimento.

A socialização da criança envolve estabelecer limites à "verdade nua e crua" de suas fantasias e necessidades, e especialmente o refreamento de seus impulsos para expressar imediatamente suas necessidades. Os limites são necessários se quisermos viver em uma sociedade humana. Contudo, podem também ter um efeito deformador, favorecendo a inibição neurótica e suprimindo a expressão vital, espontânea. No que tange à sociedade, o indivíduo exige uma "folha de figueira" que cubra mais ou menos seus pensamentos, sentimentos e impulsos interiores "nus". Desta forma, o desenvolvimento da "máscara da alma" ou *persona* (Jung) é crucial para a relação do indivíduo com a sociedade, mas também pode redundar em sérios defeitos.

"Folha de figueira" e "máscara da alma"

Consideremos novamente a tanga feita de folhas de figueira que Adão e Eva inventaram em reação a seus sentimentos de vergonha, juntamente com a questão, talvez não tão inverossímil, de se esta tanga poderia ser vista como uma imagem primordial daquilo a que Jung chamou de *"persona"*. Em sonhos, por exemplo, coberturas corporais e roupas são normalmente interpretadas como símbolos da "atitude da *persona*" do sonhador. Neste contexto, pode ser útil repensar este importante conceito junguiano – definir a *persona* como uma folha de figueira significa esconder nossa "verdade nua e crua" essencial, nosso âmago mais íntimo. A *persona*, portanto, tem a relação mais íntima possível com a vergonha, cuja função coletiva é proteger-nos da exposição embaraçosa. Jolande Jacobi chamou a *persona* de "máscara da alma" (1971). "Deixar cair a máscara" involuntariamente, porque alguém está dominado pela embriaguez do amor, do álcool ou a da raiva, por exemplo, pode provocar uma reação de vergonha. Isto frequentemente chega a uma "perda de prestígio".

Persona é o termo latino para "máscara". Frequentemente se supõe (Jacobi, 1971, p. 44; Blomeyer, 1974) que este termo esteja etimologicamente relacionado com o verbo *personare*, que significa literalmente "soar através". Esta interpretação inspira-se na ideia de que por trás das antigas máscaras de teatro, a voz do ator podia ser ouvida com todas as suas nuanças, modulações e vibrações individuais, embora a face mantivesse seus traços fixos e expressões típicas, não deixando transparecer nem alegria nem infelicidade pessoais. Infelizmente, tais conexões aparentemente significativas não parecem ser corroboradas por etimologistas, que consideram improvável que o nome *persona* (máscara) seja derivado do verbo *personare*. A etimologia da palavra permanece controversa (cf. "Persona", in *Der Kleine Pauly. Lexikon der Antike*, 1979).

Contudo, é certo que *persona* é o termo latino para a máscara usado pelos atores no antigo teatro grego. Precisamos lembrar, porém, que as tragédias gregas sempre retratavam as figuras do mito (Electra, Efigênia, Antígona, Rei Agamenon, Édipo etc.), em vez de indivíduos singulares, envolvidos nas atividades e conflitos da vida cotidiana. Por outras palavras, a máscara acentuava qualidades transpessoais e globalmente humanas, ao passo que velava as que eram pessoais e individuais. Os atores transformavam-se na forma mítica que se esperava deles.

Psicologicamente, a *persona* é entendida como sendo uma máscara compatível com o "papel" socialmente aceito, um dispositivo que o indivíduo usa para adaptar-se a seu ambiente. Exercer uma função na sociedade exige aceitar determinado papel, e isso cria problemas que envolvem a autoestima. Que papel desempenho no anfiteatro da vida humana social? É um papel atraente ou odiento, um papel principal ou secundário? Alguns papéis proporcionam algo grau de gratificação narcisista (e são acompanhados por expectativas correspondentemente altas). Outros frustram severamente a autoestima da pessoa. As fantasias secretas que podemos albergar a respeito de empregos dos sonhos mostram que papéis consideramos os mais atraentes. Algumas pessoas unificam-se com o papel que assumiram e realmente são bem-sucedidas nele, especialmente se for um papel que eleva a autoestima e a dignidade. Dizemos, então, que ele ou ela é um "típico" pastor, diplomata, doutor, professor universitário, ator protagonista, mestre ou diva. Todos nós temos noções mais ou menos conscientes acerca de quais papéis conferem as maiores vantagens. E colocamos máscaras para ocultar de outras pessoas (e de nós próprios) aquelas qualidades que consideramos mais desvantajosas.

Não obstante o conceito de *persona* assumir facilmente uma conotação negativa – sendo julgado como moralmente questionável ou hipócrita –, Jung desejava que fosse compreendido como um termo despido de juízos de valor. Ele via a *persona* como vitalmente necessária para a adaptação ao mundo exterior. É uma reação humana inata, embora o papel que esta reação desempenha dentro da personalidade como um todo deva ser discernido em cada caso.

Seria impossível sobreviver às nossas vidas cotidianas sem a *persona*, que resume as regras coletivas do jogo a fim de aliviar-nos de ter de tomar centenas de decisões individuais. Por exemplo, visto que é natural cumprimentar ou apertar a mão ao saudar uma pessoa, não precisamos pensar acerca de nossa abordagem a cada vez. Há convenções à nossa disposição, embora estas não devam obscurecer tudo o que é de natureza pessoal. Há sempre variações pessoais no próprio tom de voz, no estilo do aperto de mão e uma miríade de outros sinais expressivos que regulam proximidade e distância. A linguagem corporal que acompanha as interações convencionais é, muitas vezes, muito eloquente. Todavia, precisamos lembrar que a *persona* não apenas protege nossa intimidade – ao evitar que outros leiam nossos pensamentos e sentimentos mais secretos mediante a expressão de nosso rostos –, mas também serve para proteger nossos companheiros, cuja intimidade podemos perturbar mediante nossa imprudente franqueza. Somente "crianças e tolos" dizem a verdade, visto que suas *personas* não se desenvolveram até o grau esperado pela sociedade. Como adultos, muitas vezes somos instados a ocultar nossos verdadeiros pensamentos por trás de mentiras sociais inocentes. O mesmo é verdadeiro em relação às flutuações de nosso humor – que normalmente não são da conta de ninguém e, de fato, tendem antes a ser um aborrecimento. "Alegrar-se com os que se alegram e chorar com os que choram" exige certa consideração dos sentimentos dos que nos rodeiam. Exige também determinada delicadeza para tornar a vida mais vivível para nós mesmos e para os outros. Em resumo, não podemos ser sempre completamente honestos ou espontâneos, ou comportar-nos conforme nos sentimos no mais íntimo de nossos corações. No decurso de sua socialização, as crianças são ensinadas a desenvolver uma *persona* adequada. Somente quando elas tiverem aprendido a mascarar sua nudez por trás de tangas apropriadas é que estarão aptas a serem membros de pleno direito da sociedade. Elas, então, terão desenvolvido uma sensibilidade para como comportar-se em cada situação, sem o que seriam indesejadas ou até mesmo ridicularizadas.

Assim, é essencial dar à *persona* seu devido lugar. Se ela domina demasiado fortemente a casa psíquica de alguém – consciente ou inconscientemente – pode deformar sua relação com a própria alma. Neste caso, o que aparenta ser é confundido com o que realmente é; a personalidade individual, enraizada no si-mesmo, é sacrificada a uma fachada. Por outro lado, se a *persona* não é suficientemente diferenciada, tende-se a incomodar os outros da maneira errada. A pessoa torna-se impopular e sofre de isolamento ou sentimentos de inferioridade. É como se a tanga não tivesse assentado bem ou tivesse sido confeccionada defeituosamente. É desconfortável de usar e pode revelar demasiado da intimidade nua de alguém.

Somente com dificuldade é que nossa natureza individual se harmoniza com as necessidades e expectativas sociais, visto que existe um desacordo fundamental entre elas. Portanto, a *persona* pode ser nada mais do que um "compromisso entre o indivíduo e a sociedade, acerca daquilo que 'alguém parece ser'" (OC 7/2, § 246). E um compromisso que facilmente assume o matiz de algo suspeito, quando não moralmente ofensivo.

Conforme Jolande Jacobi, uma *persona* que funciona bem deve trabalhar rumo à harmoniosa colaboração de três fatores:

> Primeiro, um ideal do eu que consiste naquilo que alguém gostaria de ser, como gostaria de aparecer; segundo, o ideal e as expectativas do ambiente da pessoa, pelos quais ela gostaria de ser vista e aceita de modo particular; e terceiro, a constituição física e psíquica da pessoa (Jacobi, 1971, p. 54).

Todos nós estamos familiarizados com o desejo de apresentar o melhor possível o ideal do eu ou a imagem-fantasia de nós mesmos para os que nos rodeiam. Podemos fazê-lo tanto de modo grosseiro quanto sutil. Em qualquer dos casos, há sempre o risco de confundir a máscara com a própria face real. Rapidamente reagimos com a vergonha se algo que não se encaixa nesta autoimagem ideal se sobressai por trás da máscara. É um truísmo observar acerca da inquietante relação entre o si-mesmo ideal e o si-mesmo real, com suas correspondentes áreas de sombra. Com outras palavras, sentimo-nos envergonhados de nossas partes sombrias.

A fim de corresponder às expectativas dos que nos rodeiam, devemos desenvolver um senso dos papéis que nos foram assinalados – nem todos eles imediatamente evidentes. Como já disse, começando na primeira infância, ideias ou representações desenvolvem-se com base em padrões de interação com outros relevantes. Estes normalmente são incorporados (com frequência inconscientemente) muito cedo em nossos mundos interiores, de modo que muitas vezes é difícil distinguir entre nossas próprias expectativas de nós mesmos e as que nos foram impostas por outros. A tendência a projetar expectativas internalizadas associadas a figuras da infância sobre pessoas em nosso ambiente atual é forte. Isto cria uma discrepância entre as expectativas que são modeladas por nossas próprias ideias, e as expectativas reais de nossos ambientes. As pessoas que ascendem socialmente ou que se mudam da zona rural para a cidade muitas vezes sofrem deste problema. A insegurança a respeito das expectativas de determinado ambiente frequentemente produz uma ansiedade decorrente da vergonha de comportar-se fora da linha. Em geral, a inibição social esconde um medo de que a iniciativa e a espontaneidade possam parecer deslocadas e causar constrangimento – embora com bastante frequência não seja este o caso. Contudo, isto não quer dizer que "tabuletas" de expectativas coletivas, que atribuem ao indivíduo um papel profissional e uma margem limitada de liberdade pessoal, sejam sempre ilusórias e destoantes da realidade. Pastores, professores ou políticos expostos aos olhos do público realmente podem não ser capazes de permitir-se certas "fraquezas humanas", a não ser que sejam realizadas secretamente. Na mesma linha, o conforto burguês não se ajusta muito bem com nossa imagem de artista, e comportamento excêntrico é presumido de uma deusa do cinema ou do teatro.

O terceiro dos fatores que Jacobi diz que é essencial para uma *persona* que desempenha sua função é a consideração da constituição psíquica e física. Atendo-nos às imagens bíblicas, poderíamos dizer que ocultamos nossa natureza pessoal por trás de uma folha de figueira, e é importante que a "tanga" se ajuste à nossa constituição particular. Isto pressupõe certa consciência de cada um de nossos dados psíquicos e corporais, ou seja, determinada porção de autoconhecimento e autocrítica. Quando a psique e o físico individuais de alguém não são levados em consideração, sua atitude de *persona* tem travo de inautenticidade. Normalmente isto é percebido pelos outros. Cresce a impressão de que tais pessoas não se comportam de acordo com quem realmente são; desempenham um papel ao qual não podem realmente corresponder. Querem exibir um estereótipo de sua fantasia que está em desacordo com sua verdadeira natureza interior. Na linguagem do teatro, poder-se-ia dizer que tal pessoa foi escalada inadequadamente para o papel.

Até mesmo transações sociais superficiais não deveriam suprimir completamente nossas verdadeiras naturezas. Do contrário, reagimos a partir do "falso si-mesmo" (Winnicott) e ficamos restritos à limitada capacidade de expressão de nossas máscaras. Vivemos somente com referência ao que os outros esperam de nós.

Jacobi sustentava a opinião de que a *persona* normalmente só começa a desenvolver-se na puberdade (1971, p. 57). Se uma criança tem uma *persona* perceptível, isso é ou mera imitação brincalhona de adultos, ou então "uma camisa de força neurótica que oprime uma criança que tem sido demasiado boa e exageradamente bem educada" (1971, p. 57). Com Blomeyer (1974, p. 22ss.), sou de opinião que a *persona* na puberdade passa por articulações adicionais específicas de gênero e de fase, mas suas raízes remontam à primeiríssima infância.

A esta altura, devemos perguntar se Jung, ao escolher a metáfora de uma máscara para representar a função de adaptação ao mundo exterior, realmente fez boa escolha. Devido à metáfora de Jung, a função da *persona* é comumente entendida como a indicar somente aqueles modos de comportamento que são compatíveis com os papéis públicos ou sociais. Estamos, portanto, desculpados por sentirmos certo desdém por aqueles que jamais conseguem retirar suas máscaras de *persona*, nem mesmo em relacionamentos íntimos. Contudo, nós sempre desempenhamos deveras um papel em nossa rede social, não importa se esse papel é o do amante, cônjuge, mãe, pai, amigo, professor, terapeuta, cliente ou estudante. A questão essencial é se podemos conferir a tais papéis o selo de nossa individualidade singular e reservar nossas máscaras coletivas para os momentos de necessidade. Apesar de suas limitações, um papel oferece uma moldura geralmente reconhecida, que de forma alguma elimina completamente as interações pessoais e íntimas. A confusão de papéis sempre causa dificuldades nos relacionamentos, por exemplo, quando um parceiro age como terapeuta, uma mãe age como a amante de seu filho, ou a filha torna-se a esposa do pai na fantasia dela. Mesmo em nossos relacionamentos mais privados, não podemos sair completamente de nossos papéis. Por outro lado, somos fundamentalmente capazes de modelar nossos papéis de maneira genuinamente individual, de modo que não somos forçados a esconder-nos por trás de uma máscara coletiva quando esta não é apropriada.

Persona (C.G. Jung) e falso si-mesmo (D.W. Winnicott)

O desenvolvimento da *persona* é uma parte do processo de socialização que acontece na infância. Assim, seria interessante perguntar até que ponto o conceito da *persona*, de Jung, coincide com o conceito do falso si-mesmo, de Winnicott (1990, p. 140-152). Em conformidade com Winnicott, o falso-si-mesmo desenvolve-se quando o cuidador maternal não é suficientemente capaz de sensibilizar-se com as necessidades do bebê ou reagir a elas. O bebê, então, vê-se forçado a sintonizar-se aos "gestos" da mãe e adaptar-se a ela demasiado cedo.

> Mediante este falso si-mesmo, o bebê constrói um falso conjunto de relacionamentos, e por meio de introjeções, consegue até mesmo uma demonstração de que são reais, de modo que a criança pode crescer para ser exatamente como a mãe, a ama-seca, a tia, o irmão ou quem quer que domine a cena na ocasião (Winnicott, 1990, p. 146).

Simultaneamente, o falso si-mesmo cumpre uma função de grande valor e importância. Ao submeter-se às exigências do ambiente, ele protege o verdadeiro-si-mesmo e o defende de lesões.

Winnicott propôs toda uma série de formas diferentes nas quais o falso si-mesmo se expressa. Em um dos extremos da escala, o falso si-mesmo comporta-se patologicamente, tendo-se divorciado completamente "do gesto espontâneo" do verdadeiro si-mesmo, e, assim, provoca um sentimento de vazio interior. Winnicott situou o indivíduo saudável no outro extremo da escala. Suas reflexões sobre o verdadeiro e o falso si-mesmo são altamente relevantes para nosso assunto:

> Há um aspecto maleável do verdadeiro si-mesmo em uma vida saudável, uma mestria do bebê em aceder e não ser exposto. A capacidade de transigir é uma conquista. O equivalente do falso si-mesmo em um desenvolvimento normal é aquele que pode desenvolver-se em um comportamento social na criança, algo adaptável. Em uma vida saudável, este comportamento social representa uma concessão (Winnicott, 1990, p. 149-150).

Aqui Winnicott acrescenta a importante restrição a seguir:

> Ao mesmo tempo, em uma vida saudável, a concessão deixa de tornar-se admissível quando as questões se tornam decisivas. Quando isto acontece, o verdadeiro si-mesmo é capaz de sobrepor-se ao si-mesmo maleável (Winnicott, 1990, p. 150).

Tanto Jung quanto Winnicott enfatizam as concessões implicadas no comportamento social, embora a *persona* não seja idêntica ao falso si-mesmo. Este último simplesmente descreve uma submissão adaptativa visando a proteger o verdadeiro si-mesmo, o que resulta em grave limitação da espontaneidade. O conceito do falso si-mesmo é, portanto, usado principalmente em sentido patológico. Winnicott fala de seu equivalente em uma pessoa saudável como um "comportamento social" que é flexível. Na opinião de Jung, a *persona* em si não é de forma alguma patológica. Só se torna tal quando o eu está completamente identificado com ela, tornando-se, assim, amputado da alma e de sua vitalidade criativa. Contudo, penso que é importante enfatizar que os antecedentes de tal identificação com a *persona* na história de vida do indivíduo são bastantes semelhantes aos do falso si-mesmo. Para o terapeuta, isto significa que é preciso mais do que bons conselhos ou moralização para desconstruir uma identificação com a *persona*. Pode exigir profunda análise das feridas da infância.

A vergonha encontra-se em íntima relação com a *persona*. Quando a *persona* tem frestas em si, permitindo que o que está por baixo "transpareça", há um sentimento de nudez e, portanto, uma reação de vergonha. Devemos repetidamente enfatizar que se deve tomar muito cuidado para evitar que a *persona* nos separe de nossa natureza genuína e básica. O senso da natureza básica é o que nos permite permanecer mais ou menos "nós mesmos", ou pelo menos retornar a nós mesmos depois de uma partida temporária, provocada, por exemplo, por nossa ânsia de sermos admirados. É também este senso que nos faz autocriticamente conscientes quando nossa *persona* começa a agir "autonomamente" e fora de controle – por exemplo, quando nos vangloriamos de ter um conhecimento que realmente não dominamos a fundo, ou buscamos, de algum outro modo, ser o centro das atenções. A vergonha permite-nos saber que estamos expressando inapropriadamente nossas necessidades de admiração. Podemos sentir-nos ainda mais envergonhados quando os outros é que nos apontam esta arrogância. A *persona* faz as perguntas: o que os outros pensam de mim? De que modo sou visto? Serei levado a sério e respeitado como pessoa pelos outros? Estou a distanciar-me demasiado da "norma"? Se assim for, as pessoas se admiram de mim por eu estar muito acima da média, ou riem-se de mim por eu estar ridiculamente deslocado? Por exemplo, uma mulher que usa um vestido "escandaloso" que lhe cai particularmente bem ganhará a admiração e inspirará outras a imitá-la. Mas se ela se esforça demais para ser "incomum" e usa um vestido que não lhe assenta bem, será alvo de comentários depreciativos. Ideias "escandalosas" de todo tipo podem ter o mesmo destino.

No exercício de minha profissão, observei reiteradas vezes quão intimamente as questões atinentes ao vestuário estão ligadas à autoestima. Às vezes, especialmente entre mulheres, isto se torna bastante problemático. Simbolicamente, a roupa representa a *persona*. Nos sonhos, o vestuário comumente trata deste tema, eloquentemente expressando como nos vemos a nós mesmos e queremos ser vistos pelos outros, como nos "vestimos" para estabelecer nossa solidez, ou como não conseguimos fazê-lo. Alguém deve sentir-se não apenas envergonhado de franqueza desprotegida e nua. Podemos também estar expostos ao perigo quando nossos véus se revelam inapropriados. A *persona* pode proporcionar às pessoas que são vulneráveis e suscetíveis à vergonha algo para esconder-se. Mas ela também pode ser exposta como um disfarce. Em todo caso, a proteção é apenas relativa, visto que a identificação com a *persona* jamais pode substituir a autoestima realista.

5
Variações na experiência da vergonha

O complexo de inferioridade

O assim chamado complexo de inferioridade está intimamente relacionado à ansiedade decorrente da vergonha. Assim, consideramos que valeria a pena dedicar alguma reflexão a esta noção que se tornou parte de nossa linguagem cotidiana. Está baseado na ideia de que determinadas partes da personalidade de uma pessoa são de valor inferior (posso sentir que sou feio, pouco inteligente, não talentoso, pequeno, gordo, impopular etc.). Tais ideias são acompanhadas por fortes sentimentos de descontentamento consigo mesmo, até mesmo ao ponto do ódio a si próprio. Inveja e ciúmes também desempenham seu papel. Somos invejosos em relação àqueles para os quais o destino parece ter concedido melhor sorte. Sentimo-nos compelidos a comparar-nos aos demais, especialmente àqueles que vemos como largamente superiores a nós. Tais pessoas parecem olhar com sobranceria para nós, desdenhosamente, suscitando sentimentos de vergonha altamente desagradáveis. A fim de escapar a sentimentos debilitantes, como também à inveja e aos ciúmes, com frequência a pessoa emprega o mecanismo de defesa da idealização. Se eu coloco outros em um pedestal, onde eles aparecem estilizados e fora do alcance, posso aceitar sua superioridade. Posso admirá-los, visto que sua singularidade situa-os fora da área de uma rivalidade fantasiosa ou real. Para pessoas com sérios complexos de inferioridade, a rivalidade patente frequentemente está ligada à vergonha. Empenhar-se em algum tipo de competição pode revelar a presunçosa superestimação de si mesmo; deste modo, os sentimentos de rivalidade normalmente estão mascarados na vergonha. Mas, o que se exigiria de nós para livrar-nos do embaraçoso sentimento de inferioridade? Na maioria das vezes, só nos sobrevêm soluções insatisfatórias ou irrealistas. Por exemplo, pensamos: "Se ao menos eu não fosse tão inibido, se fosse mais sagaz, mais atraente, inteligente, mais magro. Se pelo menos não tivesse um nariz tão feio ou uma pele ruim". Sob tais desejos de melhoramento, normalmente jaz uma imagem fantasiosa ideal de si mesmo, cuja inteireza não é tão facilmente apreendida. O que experimentamos diretamente é somente a embaraçosa discrepância entre a imagem fantasiosa que gostaríamos de realizar e nosso senso de inadequação em face dela. Às vezes esta imagem fantasiosa torna-se visível mediante projeções. A idealização nem sempre é apenas uma defesa; por vezes projetamos nosso ideal do eu sobre os outros na esperança de "entrar na pele deles" de alguma forma, ou pelo menos tornar-nos como eles.

Quem estabelece o padrão pelo qual meço meu valor ou falta de valor? Quando alguém se encontra em estado de inferioridade, garante-se a esse padrão validade inquestionável, aceitando-o obedientemente como juiz definitivo, autorizado. Em minha opinião, porém, este mesmo juiz precisa ser examinado; padrões inquestionáveis normalmente são o resultado de padrões de relacionamento internalizados na infância. Como observaremos posteriormente, uma das tarefas da psicoterapia é reavaliar essa autoridade valorizadora/desvalorizadora. Muita liberdade pode ser obtida descobrindo-se os laços inconscientes entre esta autoridade e os sistemas de valores incorporados por outros relevantes do passado do indivíduo.

Em muitos casos, essa autoridade julgadora corresponde não apenas ao sistema de valor internalizado dos pais da pessoa, mas ao si-mesmo ostentoso também. Isto é especialmente desta maneira quando predomina certo perfeccionismo, dando à pessoa o sentimento de que "não importa o que eu seja, o que eu realize, jamais é suficientemente bom". A busca de perfeição torna-se a preocupação mais desgastante da pessoa, embora esta aspiração seja abandonada por causa da mais leve decepção. Qualquer ocorrência de deficiência torna-se motivo de vergonha, precipitando a pessoa em um abismo de humilhação e de autorrepugnância. Ao mesmo tempo, fica-se envergonhado até mesmo de ter ostentosa expectativa de ser capaz de realizar algo perfeito em primeiro lugar.

Aqui podemos deter-nos e indagar se as exigências impossíveis do juiz interior estão sempre na raiz do complexo de inferioridade. Não poderia, portanto, ser uma consciência da própria real insuficiência, uma autoconsciência que poderia impelir alguém a empreender programas úteis de aprendizado? Qual é a diferença entre um complexo de inferioridade e a compreensão da inferioridade "verdadeira" de uma pessoa, sendo que qualquer um dos dois pode causar vergonha? Em outras palavras, qual é o critério pelo qual julgamos?

A psicologia analítica de Jung afirma que o critério (do grego *krites*, juiz) reside, afinal, dentro de cada um de nós. Se aprendermos a ouvir com atenção, podemos distinguir como que uma "voz" do si-mesmo interior e desenvolver uma sensibilidade para o que "soa" correto para nós. Esta voz pessoal pode não falar alto e pode torna-se audível somente após "tentativa e erro" significativos.

Falando sob um aspecto prático, é melhor considerar várias interpretações de nossos sentimentos de inferioridade, e levar em conta os sonhos, caso apareçam. Então podemos descobrir que nossa percepção da inferioridade de determinadas partes de nós mesmos pode ser exata. Se nossas imperfeições resultam num verdadeiro complexo de inferioridade depende da atitude que assumimos em relação a nossas insuficiências, e se deficiências específicas – de mente, corpo, caráter – resultam em autoavaliação negativa global.

Uma das características de um complexo é que ele age como um ímã, atraindo amplas porções da experiência psíquica para seu campo, dobrando-as a seu "poder" (OC 9/1; Jacobi, 1959; Kast, 1980). Por outras palavras, nós não apenas percebemos nossos limites e precariedades com grande pesar, tentando melhorar, elaborar ou reconciliar-nos com tais deficiências; além disso, a percepção de determinado defeito por afetar todo o nosso estado de espírito subjacente. Devemos, portanto, considerar a possibilidade de que pessoas cujo estado de ânimo subjacente é do tipo autossuplício, procurarão defeitos reais de personalidade em si mesmas a fim de justificar seu sentimento de completa inferioridade. Os complexos têm raízes arcaicas. Deste modo, quando começam a dominar a experiência, transmitem um sentimento de tudo ou nada. A percepção de determinadas imperfeições, então, desenvolve-se rapidamente em uma convicção da completa inferioridade da pessoa – um chão fértil de suscetibilidade à vergonha.

É de conhecimento geral que C.G. Jung elaborou uma tipologia de atitudes (extroversão e introversão) e funções da consciência (pensamento, sentimento, intuição e sensação) (OC 6). Ele chegou à conclusão de que necessitamos de todas atitudes e funções para lidar com a vida, mas jamais podemos desenvolver todas elas na mesma medida. Desenvolvemos com preferência a função que mais intimamente corresponde aos nossos talentos naturais, a assim chamada função "chefe" ou "principal", juntamente com uma função secundária ou "auxiliar". Jung descreveu a função que permanecia mais subdesenvolvida e indiferenciada de função "inferior".

Não podemos examinar aqui até que ponto a teoria de Jung dos tipos é ainda defensável, mas é o conceito da função inferior que penso ser importante na presente conexão. Por meio deste conceito, o comportamento inadequado ou inferior está limitado a uma seção psíquica circunscrita. Por exemplo, se eu sei que o pensamento é minha função inferior, posso ter de viver com o conhecimento de que a lógica perspicaz não é o meu forte, que sempre perco no xadrez e que me sinto estúpido e envergonhado diante do computador. Minha função principal, por consequência, seria o sentimento, e meu forte residiria em avaliar as coisas de maneira diferenciada e em ser capaz de julgar e de sopesar ambos os lados de uma questão. E provavelmente eu teria um talento particular para a empatia também.

Em parcerias, a dinâmica seguinte pode ser às vezes observada: o parceiro A sente-se em desvantagem ao redor do parceiro B porque o primeiro sempre se atém a fatos observáveis e a coisas concretas, enquanto seu amigo, B, parece captar prontamente as dimensões subjacentes, ocultas das pessoas, suas ideias, motivações e maneiras de agir. Mas então, o parceiro B tem marcante dificuldade em orientar-se no aqui e agora, em organizar seu tempo e em pôr ordem em sua vida. Ele tende a delegar estas funções ao parceiro A, visto que elas são o seu forte. Aqui, o parceiro A está a lidar com a sensação da função "inferior" da parte do parceiro B, enquanto o parceiro A é capaz de empregar sua sensação de forma diferençada. A função principal do parceiro B é a intuição.

Este esboço estereotipado deveria bastar como exemplo de como a função inferior funciona. O que eu gostaria de enfatizar aqui é que fraquezas e insuficiências podem ser vistas como a envolver partes limitadas da personalidade. Isto não quer dizer que a função inferior não possa colocar alguém em situações realmente vergonhosas, ou que se possa escapar de sofrer-lhe os açoites. Tampouco impede que alguns junguianos abusem da teoria, fazendo de suas funções inferiores a desculpa mais barata possível para a indelicadeza, a não confiabilidade ou a estupidez.

A função inferior pode facilmente degenerar em um complexo de inferioridade do qual a autoestima em breve se torna vítima. Por exemplo, penso em uma jovem suíça que sofria de profundo distúrbio de autoestima. Este distúrbio era provocado, entre outras coisas, pelo fato de que ela era uma pessoa excepcionalmente introvertida, intuitiva, que vivia em um mundo de premonições, fantasias e imagens. Devido à sua consequente sensação da função "inferior", era difícil para essa jovem cuidar de sua casa de maneira muito rigorosa. Ela simplesmente não percebia cada uma das manchas de pó sobre os móveis e, portanto, simplesmente não as limpava. Ora, em uma verdadeira família suíça, uma casa perfeitamente limpa é uma questão de grande importância. Caso visitantes devessem ir-se embora com a impressão de que a casa de determinada pessoa é um chiqueiro, ela seria tomada de vergonha degradante. Tal atitude coletiva tornava difícil a vida de minha cliente desde tenra idade. Ela era chamada de "gansa estúpida", que não conseguia ver a poeira sobre os móveis; em sua estupidez, dizia-se, ela jamais encontraria um esposo. Estas mesmas pessoas criticavam sua extraordinária vida de fantasia e aptidão para profundidades contemplativas como devaneio ou vida fora do mundo. Não admira que posteriormente sofresse de autorrejeição destrutiva, enorme complexo de inferioridade e aflitivos sentimentos de vergonha.

Figuras parentais que dão prioridade a modos de comportamento que têm a probabilidade de serem a função inferior da criança – e desvalorizam sua função diferenciada – causam dificuldades à criança em sua busca por identidade. Uma família academicamente orientada, por ex., pode não estimar sentimentos refinados e diferençados. Eles podem também não conseguir reconhecer o valor de um talento para a "sensação", uma função orientada a assuntos práticos. Antes, o mais provável é que estarão empenhados em uma crença na supremacia das conquistas e do pensamento acadêmicos.

O complexo de inferioridade está ligado a forte suscetibilidade à vergonha. Alfred Adler, que originalmente cunhou o termo, pressupunha que a ânsia desesperada por alcançar importância pessoal (*Geltungsstreben, Geltungssucht*) deveria ser vista como uma "supercompensação", uma formação reativa contra a infinda vergonha que se sente acerca da própria suposta inferioridade. Na terminologia da moderna teoria do narcisismo, isto seria o equivalente a uma identificação com o si-mesmo ostentoso, que se mostra como "ostentação narcisística". Naturalmente esta pomposa ostentação ameaça a desmoronar como um castelo de cartas ao menor insulto. Um jeito de negar o profundo abismo de vergonha que existe interiormente é enfurecer-se ante a audácia de qualquer um que ouse questionar minha ostentação. Contudo, em uma "hora da verdade", podemos ter uma sensação de vergonha que nos indica que nos desviamos da verdade "simples", conforme Aristóteles o expressa. Dito de outra forma, podemos tornar-nos conscientes de nossos inchaços. E uma vez que se lhes põe um espelho à frente, podemos sentir-nos envergonhados de nossos desejos exagerados e ilusórios – talvez de modo saudável.

Outra forma de escapar ao próprio complexo de inferioridade e ao perigo de vergonha constante é retrair-se do contato humano, esconder-se por trás de um tipo de *persona*, uma máscara que parece fria e distante. Muitas pessoas que sofrem deste problema simplesmente ficam admiradas ao saber que as demais as acham orgulhosas, parecendo julgar-se superiores, e que isto é a raiz de sua impopularidade. Parece muito estranho à própria experiência delas de inferioridade e de medo da vergonha. Elas encontram-se em um círculo vicioso, em um padrão psicológico que funciona mais ou menos assim: "Tenho de proteger-me da possibilidade de que outros vejam minha verdadeira carência de valor, pois isto me jogaria num poço sem fundo de vergonha. Eu seria desvalorizado, colocado em uma lista negra e desprezado pelo resto de minha vida. Visto que este medo da vergonha me obriga a evitar contato tanto quanto possível, fico isolado de outras pessoas. Manifestamente, ninguém quer ter algo a ver comigo, o que, por sua vez, confirma a baixa opinião que tenho de mim mesmo. E quanto mais inferior me sinto, mais quero evitar ser visto pelos outros". Um curso expandido de psicoterapia seria necessário para modificar tal círculo vicioso.

Em contraste com esse estado de coisas estão aqueles que divulgam seus complexos de inferioridade, contando a todo o mundo acerca de suas fragilidades, quer as pessoas queriam ouvir a respeito delas, quer não. Esta é outra forma de defesa nascida da aflição interior. Leva consigo a esperança de que a pessoa será apreciada por esta mesma autocrítica. Qualquer que seja o caso, sob tal comportamento via de regra jaz a intenção amplamente inconsciente de revelar os próprios pontos sensíveis a fim de impedir que outros o façam, provocando-lhe, assim, vergonha. O escopo aqui é manter o controle. Ao demonstrar consciência das próprias fraquezas, debilidades, privam-se os demais de qualquer oportunidade de ataque.

Não está longe deste comportamento outra forma de defesa induzida pelo complexo de inferioridade: a necessidade de constante autocontrole e autovigilância a fim de evitar ser visto com todos os defeitos.

Obviamente a vida social seria inconcebível sem autodomínio, como o seria também o crescimento na consciência – o qual está em grande medida baseado na auto-observação. No fim das contas, a psicoterapia e a análise pressupõem uma aptidão para direcionar a própria atenção para o si-mesmo e para o que quer que aconteça dentro dele. Entretanto, devemos distinguir tal autoconsciência da compulsão para vigiar a si mesmo incessantemente. Autovigilância excessiva bloqueia toda espontaneidade, substituindo-a por várias formas de inibição que se tornam o alvo para ulterior condenação pelo "olho interior". Embora possamos tentar compensar com impetuosidade, na maioria das vezes tal inibição apenas nos joga em uma espiral ascendente. A autovigilância compulsiva provoca inibição, a inibição provoca vergonha, e a resultante auto-observação intensificada provoca mais inibição.

Para recapitular: a capacidade para a auto-observação surge à idade de mais ou menos 18 meses, à medida que a fase do "si-mesmo verbal" está a desenvolver-se. Ela coincide com a compreensão de que o próprio si-mesmo de uma pessoa pode também ser visto de fora, como os outros o veem. É significativo que pessoas que são surpreendidas em um complexo de inferioridade e se sentem impelidas a monitorar constantemente a si mesmas têm um "olho interior" que é invariavelmente intolerante, crítico e intensamente aviltante. Assim, o si-mesmo é desvalorizado a partir de dentro, enquanto, ao mesmo tempo, está sendo exposto às observações de outrem, as quais se imagina serem ásperas e reprovadoras. É como se alguém fosse forçado a olhar para si mesmo continuamente de fora.

Um músico começou a análise porque sofria de um estado grave de medo do palco que prejudicava sua técnica e eloquente habilidade. O problema era humilhante para ele. Uma análise mais profunda revelou que tão logo ele pisava no palco, ficava consumido por pensamentos acerca de que impressão ele estava causando no público, como sua interpretação estava sendo recebida, como seu desempenho estava sendo julgado. Isto impossibilitava-o de ficar "consigo mesmo" e perturbava enormemente sua concentração na interpretação da obra musical. Naturalmente sua auto-observação (que ele imaginava provir do público) era impiedosa, e a mínima irregularidade em seu desempenho fazia-o querer afundar através do chão de tanta vergonha. Quanto mais confuso ficava, mais inibida era sua interpretação, e mais convincente era a torturante imagem de seu insucesso. Por fim, apresentações em público tornaram-se pura tortura. Seu problema psíquico consistia em atribuir demasiado poder a um "eles" imaginário, um público rígido e desaprovador que o intimidava e paralisava-o. Ele sentia uma compulsão a imaginar os outros como desvalorizadores, e a depreciar a si mesmo por causa disso.

Em geral, no entanto, auto-observação crítica é de importância decisiva em qualquer conquista. O mundo musical oferece um maravilhoso exemplo disto com o grande violoncelista Pablo Casals, que falava do *dédoublement* ['desdobramento'], que deve acontecer durante todo o tempo em que o músico está a apresentar-se.

Abandonado à música em autoesquecimento, ele, no entanto, permanece atento e em posse de seu si-mesmo, ficando constantemente relaxado junto a seu instrumento, trabalhando sobriamente e sem esforço forçado, a fim de não perturbar nem inibir sua expressão musical (Von Tobel, 1945, p. 30ss.).

Casals prossegue a descrever o cuidadoso autocontrole do músico, no qual ele imagina a expectativa de seu público de uma profunda experiência musical. Ao contrário de meu analisando, porém, Casals parece ter sido suficientemente confiante em que ele poderia efetivamente corresponder a tais expectativas.

Em geral, a auto-observação compulsiva torna-se um problema somente quando outras pessoas estão presentes. Ao vermos a nós mesmos como que através dos olhos dos outros, perdemos o acesso aos nossos próprios mananciais espontâneos. Sentimo-nos ininterruptamente expostos aos olhos dos outros, que imaginamos como críticos e depreciativos. Por exemplo, um jovem que sofria de um complexo de inferioridade, continuava a queixar-se a mim a respeito de como ele atribuía demasiada importância a outras pessoas, e como ele se orientava excessivamente consoante ao que os outros pensavam a seu respeito. Isto tornava-o inseguro de si mesmo. Levou algum tempo até que compreendesse que esses "outros" eram projeções de sua própria atitude desaprovadora em relação a si mesmo.

Espero que, no que precedeu, eu tenha levantado alguns pontos de vista importantes sobre a dinâmica interior do complexo de inferioridade e seu relacionamento com a vergonha.

Constrangimento e desejo decorrente da vergonha

Agora nos voltamos para as reações de vergonha que não estão necessariamente baseadas em um complexo de inferioridade, mas antes, em comportamento fora do nosso controle, coisas "que poderiam acontecer a qualquer um" e que resultam na transgressão de algum limite da vergonha. Estou a falar de situações que são constrangedoras. As reações de vergonha nestes casos são normalmente apenas temporárias, tendo sido provocadas quando partes de uma pessoa, as quais "não dizem respeito a ninguém", repentina e involuntariamente se tornam bastante visíveis. Agitação ou fervor podem permitir que, por engano, escape-se algo que teria estado sob controle se a sobriedade tivesse prevalecido. Por exemplo, um homem pode fazer uma observação crítica unilateral a respeito do trabalho de um colega bem-sucedido. Posteriormente, ele percebe que o comentário foi motivado parcialmente por inveja, o que o faz sentir-se inconveniente e envergonhado. Agora ele gostaria de ter moderado sua crítica com algum bom-humor, com um comentário informal como: "Vocês não detectariam por acaso uma nota de 'dor de cotovelo' em minha voz, não é verdade?" Ao agir assim, ele teria posto os ouvintes ao corrente de sua inveja, enquanto, ao mesmo tempo, minimizaria sua importância ao demonstrar, pelo menos, que estava consciente dela. Agora, toda vez que ele pensa naquelas três pessoas que ouviram sua crítica, um sentimento "constrangedor" e vergonhoso apodera-se dele – pois, aos olhos delas, ele é um homem invejoso. A situação não lhe deixa nenhuma opção a não ser fazer apelo à tolerância para com a parte obscura de si mesmo, e aceitar o fato de que outros a tenham visto.

Quanto mais rígidas e estreitas forem nossas fronteiras da vergonha, tanto mais restringem nossa liberdade e espontaneidade, tanto maior é a probabilidade de que conteúdos reprimidos se escaparão do inconsciente. Penso, por exemplo, em uma senhora extremamente distinta, que se sentia obrigada a limpar imediatamente cada migalha que seu encantador e jovial marido deixava cair sobre a mesa sempre que os dois iam fazer uma visita. Evidentemente ela ficava extremamente constrangida por causa da "bagunça" de seu marido na presença de seus anfitriões. Então, certa noite, no final de uma dessas visitas, aconteceu um contratempo que lhe causou indizível vergonha. Quando estava de saída, levantou sua bolsa imaculadamente branca, a qual fez um inesperado giro no ar e virou uma garrafa semicheia de vinho tinto. O conteúdo da garrafa escoou impiedosamente sobre a toalha da mesa, seu vestido e o tapete do anfitrião. Obviamente, nada podia ser mais humilhante para esta mulher. O anfitrião sensibilizou-se com seu constrangimento, assegurando-lhe que esse tipo de coisa já havia acontecido antes em mais de uma ocasião, e que o tapete costumava demonstrar-se suficientemente resistente a manchas de vinho. Ainda assim, a mulher conservou sua conduta íntegra com uma vontade inflexível, e tudo o que ela não pode ocultar foi um rubor.

Apesar da intensa vergonha da pobre senhora, seu anfitrião não pôde deixar de sorrir secretamente. É como se o inconsciente se tivesse vingado dela por aprisionar sua vida em uma concha tão estreita, por embrulhar a si mesma – e a seu esposo – com a vergonha. Para ela, o acontecimento foi uma intromissão prejudicial na estrutura de seu autorrespeito. Um toque de humor lhe teria sido necessário para lidar com acontecimento tão embaraçoso, e assim, o incidente ainda poderia ter tido algum sentido para ela. Era o espírito da vida atuando aqui, provocando um "acidente" em prol de uma liberdade maior?

Com frequência, um conflito jaz sob os sentimentos de vergonha de uma pessoa. Por exemplo, pode-se secretamente desejar mostrar determinados aspectos pessoais, ou, pelo menos, permitir que sejam vistos. Por outro lado, porém, a pessoa fica inibida pela ansiedade decorrente da vergonha de que seu desejo possa ser compreendido como um desejo de autorrevelação ou algum tipo de exibicionismo. Por exemplo, pode-se imaginar uma menina pubescente, cujos seios estão obviamente começando a desenvolver-se. Deveria ela estar orgulhosa desta mudança, ou considerar uma fonte de vergonha ser notada desta forma? Preferiria ela ser vista ou não ser vista nesta condição? Ou considere-se um menino entrando na adolescência que, "involuntariamente", coloca-se no chuveiro de modo que seus primeiros pelos pubianos estejam à mostra para que todos vejam – o sinal de uma promissora masculinidade da qual ele sente orgulho secretamente. Claro que, ao mesmo tempo, o desejo de exibir-se lhe é constrangedor. Em ambos os casos, a ambivalência embaraçosa brota de sua insegurança. Como deveriam ser avaliados e integrados os novos desenvolvimentos? Como ele aparece aos olhos dos outros?

Sempre que o corpo e a atração sexual estão em jogo, a vergonha arquetípica da nudez está envolvida, mesmo que esta seja moldada por atitudes contemporâneas ou por um clima particular de família. Em determinadas práticas de puericultura, assuntos sexuais e nudez podem ser tratadas franca e honestamente, mas os sentimentos de vergonha são, isto não obstante, inevitáveis. Especialmente na adolescência, determinadas situações invariavelmente disparam o enrubescimento, uma reação que amiúde expressa vergonha misturada com desejo. Podemos chamar a este fenômeno de "desejo decorrente da vergonha" e atribuir-lhe a comichão que se sente na esfera do amor e do sexo. Sob outro enfoque, a vergonha pode diminuir a alegria da própria vida amorosa. Em contrapartida, a mera concupiscência pode interferir violentamente nas fronteiras da vergonha (estupro de todos os tipos é o exemplo mais flagrante). Entretanto, há muitas situações amorosas nas quais o sentimento de vergonha aumenta o desejo sexual. Então, mais uma vez, a mera concupiscência pode tornar-se "humanizada" quando moderada por determinada quantidade de vergonha – o anseio pela gratificação imediata do desejo pode ser limitado e redirecionado para a fantasia, o sentimento e a empatia.

Naturalmente, desejo decorrente da vergonha não está restrito a questões de amor. Pode também emergir quando alguém repentinamente encontra-se no centro das atenções, duchado de elogios em um encontro, ou solicitado a fazer um discurso. Tais situações podem ser embaraçosas, mas também podem proporcionar certo ímpeto narcisista se a pessoa consegue fazer o melhor uso delas. O embaraço com o qual frequentemente reagimos à admiração e ao louvor tem a característica do desejo decorrente da vergonha: ficamos tanto embaraçados quanto satisfeitos. O que é problemático é que aqueles que observam nossas reações podem achar que somos presumidos ou narcisistas – um julgamento que preferiríamos evitar. Aqueles que estão acostumados a ser admirados, normalmente têm à mão uma reação mais ou menos ritualizada, tal como: "Alegra-me que você não tenha ficado descontente" ou "É sempre um prazer receber elogios". Estar acostumado ao sucesso reduz o desejo decorrente da vergonha, bem como o ímpeto narcisista associado a uma afirmação inesperada e entusiasta.

O desejo decorrente da vergonha, portanto, expressa nossa ambivalência, uma combinação de "sim" e "não" ao mesmo tempo. Apesar de querer de ser visto e admirado por causa de meu lindo corpo, magníficos rendimentos ou talentos prodigiosos, também receio que esta necessidade se torne demasiado óbvia e provoque vergonha. Os outros podem ver minha alegria ao expor-me como constrangedora e inoportuna. Às vezes, meu ansioso desejo suplantará minha prudência, e expor-me-ei não obstante meus subliminares sentimentos de vergonha. Então, novamente, em outros momentos, a vergonha levará a melhor e retirar-me-ei para dentro de minha timidez.

Uma vez mais, em que medida sou capaz de aceitar bem tudo de mim, inclusive meu lado sombrio, é de importância decisiva. É este fator, mais do que qualquer outro, que determina quão intenso será meu medo de ser visto por olhos implacáveis ou dando um passo em falso que me faz parecer ridículo e degradado.

Humilhação

A humilhação é sentida mais agudamente do que o constrangimento ou o desejo decorrente da vergonha. Na raiz, com frequência descobrimos uma violação da dignidade humana de uma pessoa ou o desdém por ela mediante a subjugação dos outros. Por exemplo, pode-se ter sido vítima de estupro físico ou emocional, no qual a ira que ordinariamente surge em defesa do próprio autorrespeito foi sufocada. Em seu lugar, instala-se profunda vergonha. Esta vergonha desmedida é provocada por uma sensação de ter sido humilhado e desonrado. A pessoa imagina que outros a veem com puro desprezo, superficialmente disfarçado de piedade. Isto provavelmente explica por que tantas mulheres preferem permanecer silentes acerca de suas experiências de estupro; elas não têm grande interesse em aparecer como vítimas aviltadas e desonradas, em expor-se a uma vergonha sem fim.

Sobreviventes de campos de concentração também conhecem a hedionda vergonha dos condenados, daqueles que foram submetidos a indescritível degradação. A maioria deles não tinha escolha senão esconder sua dolorosa humilhação profundamente dentro de si mesmos, separá-la do restante de sua personalidade a fim de ter a aparência de uma vida normal. Tais traumas desumanizantes podem provocar dano emocional duradouro. Mas talvez, pelo menos a incomensurável vergonha que tudo isso provoca possa ser compensada pelo conhecimento de que – tendo experimentado desumana perseguição – a pessoa não está sozinha.

A humilhação gira em torno de experiências de poder e de impotência. Alguém é rebaixado ou oprimido por aqueles que exercem poder de cima. Pode haver uma perda de autonomia na medida em que alguém é feito subserviente, um tipo de escravo. Se tal perda de autonomia e influência é experimentada como degradação vergonhosa depende de até que ponto se valoriza a própria liberdade. A autonomia e o livre-arbítrio também podem ser responsabilidades onerosas cuja delegação a que tem mais juízo pode ser muito confortável para os eus de algumas pessoas. Afinal, nossa autonomia é sempre limitada, e somos sempre um pouco dependentes, não apenas dos outros, mas também do estado de nossa saúde, nosso destino particular e, não por último, dos poderes de nosso inconsciente. Deste modo, faríamos bem em ser abertos e receptivos a tais poderes e investigar cuidadosamente o que eles querem de nós.

Criar uma relação entre o eu e o inconsciente não significa que permitamos que a consciência, com sua liberdade de escolher, se torne instrumento meramente passivo do inconsciente. C.G. Jung falou acertadamente do "confronto" do eu "com o inconsciente", e não de obediência cega a ele. Ele via o inconsciente como "natureza", algo além do bem e do mal e, portanto, a exigir nossa consciência e vigilância. "O homem [...] conserva uma restrição mental, mesmo em face da decisão divina", escreveu Jung. "Sem isso, onde estaria sua liberdade? E qual seria o sentido dessa senão o de torná-lo capaz de ameaçar Aquele que a ameaça?" (Jung & Jaffé, 1963, p. 247ss.). Considero essencial afirmar e apoiar a liberdade da consciência do eu contra o inconsciente, se possível. Exigimos tal liberdade a fim de lidar resilientemente com as fantasias e impulsos do inconsciente. Em seu particular "confronto com o inconsciente", o próprio Jung foi exemplar por assumir tal postura. Se ele não tivesse tido a força e a determinação para reconhecer e viver as avassaladoras experiências que seu inconsciente estava a trazer-lhe no nível simbólico, ele poderia muito bem ter-se tornado um "artista" (como determinada forma de "anima" instigava persistentemente), ou pior, um missionário e fundador de uma seita. No entanto, ele foi capaz de perguntar continuamente o que tais conteúdos significavam para sua forma de existência. Ele sempre honrou suas "restrições mentais".

Enfatizo este ponto porque é fácil, ao idealizar o inconsciente, negligenciar seus perigos. O impulso para descobrir a sabedoria do inconsciente, para encontrar a realização na vida mediante a entrega a algo maior e transpessoal – uma necessidade que as religiões tradicionais noutros tempos satisfaziam – é tão forte que várias seitas e seu gurus e ditadores fanáticos conservam um inegável apelo. O fundamentalismo está ganhando terreno, não somente no Islão, mas também no cristianismo, pois permite que os seguidores atenham-se à letra da lei, adiram aos que proferem a verdade com inabalável convicção, reivindiquem poder e subserviência em nome dele. Nessas seitas fundamentalistas, renuncia-se à liberdade e à autonomia em troca da segurança de saber no que se pode confiar. Em meio à crise e ao declino potencialmente fecundos de valores que nossa civilização está sofrendo atualmente, tais grupos religiosos ou pseudorreligiosos parecem prometer a salvação. O indivíduo que acredita em tais promessas não se sente aviltado. Manifestamente ele abdica de seu direito ao pensamento crítico, de sua autonomia e de sua responsabilidade sem coerção e em nome de um ideal mais sublime. Contudo, sob a superfície desta aparente livre-escolha, pode-se detectar o encanto sedutor de programas que se apoderam de uma fome primordial de sentido, uma fome que brota do inconsciente. Isto não quer dizer que todos os grupos baseados em ideias religiosas ou virtualmente religiosas pertençam à mesma categoria. Em minha opinião, o que determina o calibre ético e espiritual de um grupo é o grau de permissão que os membros individuais têm de criticar e questionar livremente.

Outra digressão interessante lida com a questão de por que o cristianismo está centrado em um redentor que foi profundamente aviltado – tratado com desprezo, flagelado e pregado em uma cruz. A Igreja, em aliança com os que detêm o poder político, não interpretou isto como a significar que a virtude mais sublime consiste na subserviência, humildade, obediência e na abdicação do pensamento autônomo? As autoridades da Igreja e do Estado não declararam ser virtude cristã carregar a cruz da pobreza e da submissão, enquanto atribuíam dúvidas, questionamentos e rebelião ao diabo, que não trabalha em favor da divina redenção, mas da condenação eterna? (já nesta terra!) Estas me parecem também ideias fundamentalistas – mal-entendidos da verdade religiosa que são, apesar disso, fomentados por determinadas autoridades. Com efeito, em um plano simbólico, o sofrimento e a crucifixão de Cristo têm profundo significado, que C.G. Jung, entre outros, buscou elucidar em estudos da psicologia da religião (OC 9/2). Em contrapartida, a ideologia da humilhação e da obediência acrítica não impediu o Ocidente cristão de destruir hereges e pagãos pelo fogo e pela espada, escravizando-os e espoliando-os brutalmente de sua dignidade humana e religiosa. Os problemas do Terceiro Mundo, que parecem tão insolúveis hoje, em grande medida são o resultado de tais políticas cristãs de superioridade que pretendem tudo saber.

Retornado aos poderes do inconsciente, que, afinal, são mais fortes do que o assim chamado "livre"-arbítrio, gostaria de oferecer algumas reflexões a respeito das seguintes considerações: enquanto energias estão fluindo para nós do inconsciente, energias que são ratificadas pela consciência do eu e experimentadas como "eu-sintônicas", sentimo-nos inspirados, em boa forma e revestidos de poder e energia. Só começamos a sentir vergonha e aviltamento quando os poderes do inconsciente impelem-nos a agir contra nossa melhor vontade e julgamento. Esta é a razão por que sintomas neuróticos que limitam nossa livre-escolha, tais como ansiedade intensa ou compulsão, têm esse efeito de provocar vergonha. E os vícios, a que estamos repetidamente sujeitos contra nossa vontade, podem esgotar-nos de nosso autorrespeito do modo mais humilhante. Entre alcoólatras, por exemplo, a vergonha que se segue ao excesso de bebida muitas vezes se torna tão avassaladora que precisa ser apagada com doses adicionais de álcool.

Contudo, os sentimentos de humilhação e vergonha também podem provir de vulnerabilidade excessiva. Observações inofensivas ou pequenas descortesias podem ser experimentadas como degradantes se tocam um ponto vulnerável. Algumas pessoas reagem a tais mágoas ofendendo-se, enraivecendo-se ou jurando vingança. Outras, que se tornam cônscias da intempestividade de suas reações, podem sentir-se mais envergonhadas ao compreender que fizeram de um montículo uma montanha. Pessoas que se sentem continuamente insultadas e humilhadas pelos outros normalmente não são muito populares. No entanto, dever-se-ia lembrar que questões aparentemente insignificantes, que são experimentadas como insultuosas e aviltantes, a miúdo são simplesmente repetições de humilhações antigas e reais da infância.

Psicólogos do profundo não estão interessados apenas nos sentimentos conscientes de humilhação, mas naqueles que são tão intoleráveis que se tornam inconscientes. Às vezes, somente os espectadores parecem estar conscientes de que alguém está em uma situação degradante. A pessoa que nela se encontra parece incônscia e curiosamente não afetada. Seus olhos são abertos somente com grande esforço, um esforço que nem sempre é justificado eticamente. Por exemplo, intelectuais radicais do final dos anos sessentas estavam muito preocupados com despertar as pessoas, especialmente os operários, para o fato de que estavam sendo explorados e degradados pelo sistema capitalista. O observador neutro, porém, era levado a indagar se realmente era questão de despertar a consciência dos operários para algo de que eles obviamente estavam inconscientes ou, antes, de atiçar as chamas de uma insatisfação que simplesmente é inerente à situação humana, por mais que a contorcionemos. Sabe-se bem que esse despertar da consciência não foi demasiado bem-sucedido.

Ou, à feição de outro exemplo, com determinados casais, a gente se pergunta se deve apontar para o fato de que um dos parceiros inconscientemente se deixa ser dominado e explorado emocionalmente pelo outro. O mesmo vale para quando se é tentado a despertar membros de determinados grupos ou instituição para o fato de que estão sendo obrigados a agir de maneira abjetamente obediente. Para a pessoa envolvida, a pertença, como membro, a tal grupo pode satisfazer uma necessidade de entregar-se a um ideal mais elevado. E quem presumiria determinar se outra pessoa está realizando uma tarefa significativa na vida, ou simplesmente abdicando de sua responsabilidade, tentando compensar, ao mesmo tempo, seus sentimentos de vergonha?

O fator decisivo em tais casos é se a pessoa assumiu tais obrigações livremente ou fez a escolha voluntariamente. Obviamente, a psicologia do inconsciente conserva algum ceticismo acerca do assim chamado "livre-arbítrio". Ela pergunta, em vez disso, se não há motivações inconscientes, talvez destrutivas, impelindo por trás, por assim dizer, o livre-arbítrio.

Masoquismo

Todas estas questões se complicam ainda mais pelo fato de que a humilhante submissão é sentida, às vezes, como intensa necessidade, até mesmo um prazer sexual. Alguém pode desenvolver um laço com as mesmas pessoas ou grupos que o degradaram, envergonharam e torturaram. Embora os de fora – terapeutas inclusive – possam expressar indignação, e tentem libertar a vítima de sua subserviência, todos esses esforços estão condenados ao fracasso desde que a humilhação seja uma necessidade que está consciente ou inconsciente enlaçada com o prazer.

Desde a época de Krafft-Ebing (1892), o termo "masoquismo" tem sido usado para descrever o desejo de submeter a si mesmo à dor e à degradação. O termo refere-se a um desejo sexualmente estimulante de experimentar tortura, sujeição e humilhação como o "escravo" de alguma patroa ou superintendente brutal. Nem toda forma de comportamento masoquista se manifesta em nível sexual, mas há sempre – muitas vezes inconscientemente – um desejo de experimentar aviltamento e dor.

Aqui, gostaria de referir-me a um documento histórico interessante que revela muita coisa acerca da gênese do masoquismo masculino, a saber, *As Confissões de Jean-Jacques Rousseau*. Nele, Rousseau descreve os flagelos que sofreu na mão de sua governante quando menino – episódios "nos quais tanta sensualidade estava misturada com dor e vergonha", que ele continuamente intentava provocar novas surras.

> Quem poderia ter imaginado que esta punição infantil, recebida à idade de oito anos das mãos de uma mulher de trinta, iria determinar meus gostos e desejos, minhas paixões, meu próprio si-mesmo de minha vida, e isso em um sentido diametralmente oposto àquele em que deveriam normalmente ter-se desenvolvido (Rousseau, 1954, p. 26).

Rousseau conta que, mais tarde, é como se estivesse possuído pelo desejo de projetar seu traseiro nu em direção às garotas a fim de experimentar os prazerosos flagelos.

Sabemos pela biografia de Rousseau que sua mãe morreu enquanto o dava à luz. "Nasci uma criança pobre e enfermiça, e à minha mãe, custei-lhe a vida. Assim, meu nascimento foi o primeiro dos meus infortúnios" (Rousseau, 1954, p. 19). Seu pai parece ter sofrido intensamente a perda de sua esposa e, portanto, sentia-se muito ambivalente em relação a seu filho. Por um lado, ele via sua amada esposa no jovem Jean-Jacques; por outro, porém, não conseguia esquecer-se de que foi esta mesma criança que a tirara dele.

Destarte, parece plausível que o masoquismo de Rousseau proviesse de autopunição inconsciente visando a desonerá-lo da culpa pela morte de sua mãe. Ao suportar dor e degradação, ele podia, em sua fantasia, recuperar o amor de sua mãe. É demasiado especulativo aplicar este padrão às obras posteriores de Rousseau como escritor e pensador? Assim, poderíamos dizer que ele provocava seus contemporâneos ao avaliar tudo o que se relacionasse com a mãe natureza muito acima das conquistas da civilização, e geralmente postulando uma filosofia de retorno à natureza. "Tudo é bom na medida em que vem das mãos do Autor da Natureza; mas tudo se degenera nas mãos do homem" (Rousseau, 1926, p. 1). Patentemente ele se sentia amado pela "grande, mãe natureza" quando assumiu para si ódio e humilhação da parte de seus contemporâneos por causa dela. Para agradá-la, ele mostrava à sociedade seu traseiro nu, ou seja, ele expunha seus pensamentos e sentimentos extremamente pessoais de modo pouco convencional, a fim de posicionar-se para golpes bem-vindos.

Seja-me permitido acrescentar que a constelação neurótica que descrevi de forma alguma desvaloriza a genialidade de um pensador tão influente e inovador como Rousseau. Talvez motivações inconscientes como essas fossem até mesmo necessárias para o desenvolvimento e expressão de suas ideias – ideias que deveriam ser decisivas para influenciar a eclosão da Revolução Francesa.

Para recapitular, o masoquismo é um sentimento de satisfação prazerosa que acontece quando alguém é torturado e humilhado já pelas mãos de outrem, já por si mesmo. Contudo, o elemento prazenteiro do sofrimento é frequentemente esquivado, reprimido ou negado. Todo psicoterapeuta vê clientes que, embora tenham vindo em busca de ajuda, teimosamente resistem a cada melhoramento, a cada diminuição do sofrimento. O componente masoquista subjacente a tais clientes pode apenas revelar-se ao longo do tempo, quando esta resistência conduz a uma "reação terapêutica negativa".

À guisa de exemplo, penso em uma jovem mulher que transmitia a seguinte mensagem a seu terapeuta e a outras pessoas que ela encontrava: "Não olhem para mim; sou tão repugnante". Ela sentia-se envergonhada de sua existência e negligenciava sua aparência de maneira bastante evidente. Na terapia, o tema de sua fealdade era simplificado pela brusca declaração, repetida frequentemente: "Sou tão incrivelmente estúpida. Sou uma idiota estúpida", e por sua constante observação dirigida a mim: "Sei que o Sr. deve desprezar-me". Na realidade, ela não era nem feia nem estúpida. Ao contrário, apesar de sua aparência desleixada, parecia-me ter bastante imaginação e um encanto feminino oculto. Embora tenha verificado, não consegui descobrir nenhum indício de desprezo em mim mesmo.

Muito antes, tornado mais prudente por outras experiências ruins, compreendi que, em hipótese alguma, deveria permitir-me cair na armadilha que minha cliente me preparava. Acima de tudo, compreendi que seria melhor não deixá-la saber que, em minha opinião, ela não era feia, repugnante ou estúpida. De um lado, ela queria desesperadamente ouvir esta mensagem de minha parte, mas de outro, não podia suportar ouvi-la. Tão logo eu acenava algo parecido, ela revidava com a acusação de que eu não a levava a sério, que estava apenas a tratá-la terapeuticamente e tentando consolá-la. Ela deveras sabia que eu a desprezava.

À feição de anamnese, eu deveria acrescentar que a mãe de minha cliente tinha estado tão exaurida física e psiquicamente no tempo de sua gravidez, que a criança deve ter-lhe parecido um fardo impossível. Embora a mãe patentemente tentasse dar o melhor de si, seu cuidado deve ter sido muito discutível e dependente de seus estados de espírito mutáveis. Mas a maior cicatriz foi provocada pelo seu zelo em fazer sua filha crescer o mais saudável possível. Para esse fim, ela administrava frequentemente enemas com o fito de livrar sua filha de tudo o que fosse insalubre em seu corpo. A paciente experimentava cada um desses procedimentos como estupro e humilhação, e recordava cenas traumáticas em que gritava por sua vida e tentava fugir. Em parte, ela interpretava os enemas como punição por tudo o que era sujo e ruim dentro de si. Então, uma vez mais, satisfazia certo desejo, atraindo para si atenções sexuais disfarçadas de sua mãe. Todo o assunto vinha carregado de vergonha, e a cliente sentia grande dificuldade em falar comigo a esse respeito[7].

Aspectos de seu comportamento que se encaixam neste padrão ainda podiam ser observados. Sempre que ela podia subjugar-se a outra pessoa e confessar tudo o que era desagradável a respeito de si mesma, ela era capaz de sentir-se cuidada, até mesmo certa satisfação sexualizada. Mas quando se permitia sentir impulsos em direção à autonomia, sentia-se pecaminosamente orgulhosa e sentia enorme rejeição por sua figura materna interior. Deste modo, não lhe era permitido sentir-se melhor ou atraente, ou estar satisfeita consigo mesma em qualquer sentido. Se o fizesse, sentia que seria abandonada por sua mãe interior e sobrecarregada por tudo o que era ruim em seu próprio caráter.

---

7. Dever-se-ia acrescentar que, até mesmo hoje, algumas mães europeias e americanas obrigam seus filhos a esta "prática saudável", que Parin e Morgenthaler também observaram entre os membros da tribo Agni da África (Parin et al. 1971). Estes autores deram a seu livro sobre a etnopsicanálise da tribo o provocante título *Fear thy neighbor as thyself* ['Tema seu próximo como a si mesmo']. Os Agni são um povo guerreiro rico e nobre, com longa e soberba tradição. No entanto, a vida tribal é dominada por desconfiança universal. A ansiedade e a raiva podem irromper a qualquer momento por trás de uma fachada de etiqueta rígida e nobre. Os Agni não entram em relacionamentos amorosos longos e comprometidos, e um dos seus ditos mais significativos é: "Siga seu coração e você morrerá" (Parin et al., 1971, 562; cf. Jacoby, 1985, p. 64-65).

Embora seu apelo mais imediato ao terapeuta fosse por proteção contra a vergonha humilhante e o torturante ódio a si mesma que a afligiam, no final tornou-se claro que não seria permitida nenhuma recuperação. Seu inconsciente complexo sabotava qualquer avanço.

Em minha prática profissional, descobri que os que foram sujeitos a tais regimes de saúde quando crianças tendem a tornar-se subservientes a outros quando adultos. Geralmente, também desconfiam de tudo o que gostariam de expressar, verbal ou emocionalmente, como se não tivessem o direito à sua própria vida interior. Na análise, fantasias sádicas e raiva intensa reprimidas muitas vezes vêm à tona. Seus desejos e fantasias sexuais estão fortemente associados à região anal.

Entretanto, mesmo quando uma pessoa experimenta uma reação ou satisfação agradável em relação à humilhação, à dor e à submissão, ainda pode sofrer de intensa vergonha por causa de seu masoquismo. No masoquismo sexual, embora o prazer seja buscado por meio de dor, chicoteamento, sujeição e escravização, estes desejos perversos podem estar, ao mesmo tempo, recobertos de vergonha. Com frequência, a pessoa teme que, se sua perversão se tornasse conhecida, seria desonrada, seria o alvo da censura pública. Assim, aspirações masoquistas são restritas a uma esfera isolada, íntima. Raramente são eu-sintônicas, e, de fato, alguém pode sofrer de uma sensação de ser dominado por perversões e de não ser normal.

O masoquismo de natureza mais mental e psicossocial frequentemente exige uma racionalização ou uma meta idealizada a fim de ser permitido pelo eu. Por exemplo, uma pessoa sujeita-se a escopos e ideais mais sublimes, ou conforme descrito anteriormente, a pessoas que personificam tais metas e ideais de maneira poderosa. Quando se chega a causas transpessoais, religiosas ou políticas, para as quais se exigem grandes sacrifícios, muitas vezes é difícil distinguir entre uma pessoa a buscar satisfação masoquista e outra que realmente renunciou ao seu eu. É masoquista aquele que vai para a prisão ou até mesmo sofre torturas por causa da própria crença na dignidade humana ou em resistência às políticas corruptas de algum ditador? Não penso assim, necessariamente, e, portanto, creio que se deve ter cuidado ao recorrer ao termo depreciativo "masoquista", restringindo-o a comportamentos nos quais a autotortura se tornou um fim em si mesma (cf. Gordon, 1987).

Claro que nem todas as degradações que as crianças sofrem levam a um comportamento masoquista. Algumas levam à "raiva narcisista" – cujas fantasias sádicas fazem dela a forma oposta de reação, o outro lado da moeda, por assim dizer (Kohut, 1980; Jacoby, 1990, p. 171-175). A raiva que foi provocada por humilhações no começo da vida –

e que é suprimida e, afinal, reprimida porque se teme o castigo e o retraimento do amor – pode irromper na adultidade. Uma pessoa com este padrão pode sentir-se justificada por ceder a um acesso de raiva ou pode desejar buscar vingança por desonras passadas na esperança de restaurar sua dignidade e equilíbrio narcisista. Mas se se opõe a que seu ideal do eu desempenhe o papel do vingador enraivecido, a vergonha moral instala-se. Sinto que é extremamente importante que essa raiva arcaica seja expressa dentro da situação terapêutica e que o analista a aceite. Toda tentativa deveria ser feita para evitar que tal raiva permaneça separada da consciência e continue a fazer seu terrível trabalho autonomamente – quer de maneira masoquista, quer sádica.

Estas observações sobre a raiva narcisista levam-me à conclusão deste capítulo, que tratou das variações na experiência da vergonha e de algumas hipóteses concernentes à gênese e à dinâmica inconsciente delas. Em meus dois capítulos finais, dedicar-me-ei às questões atinentes à análise e ao tratamento da suscetibilidade neurótica à vergonha.

6
Tópicos da vergonha no relacionamento terapêutico

Vergonha como reação ao ambiente analítico

Em minha experiência, o próprio ambiente psicoterapêutico pode provocar certas reações de vergonha. Assim, sinto que é importante dedicar um pouco de atenção a este assunto. Visto que a maioria das pessoas que vem à minha clínica está passando por sérias dificuldades psíquicas, é-lhes praticamente impossível não ficarem muito ansiosas durante o primeiro encontro. Entre os que procuram ajuda, há os que parecem ser bastante autossuficientes. Não têm problema algum em reivindicar seu espaço ou minha atenção, tomando a iniciativa e preparando o palco para si da melhor maneira possível. Contudo, olhando-se sob a superfície de tais casos, comumente se descobre um ator amedrontado, que está "demasiado bem vestido" – ou seja, tentando compensar sua ansiedade e constrangimento ao avançar tão fortemente. A maioria das pessoas que busca ajuda mostra sinais óbvios de nervosismo: mãos suadas, rostos pálidos, contato visual inseguro, movimentos corporais inibidos, tom de voz tenso ou irregular. Obviamente faço tudo o que posso para deixá-las à vontade. E dificilmente lograria êxito caso me intrometesse imediatamente e tentasse deslindar as fontes de seu medo e vergonha. A primeira sessão não é o tempo certo para esta sondagem. Os clientes querem contar-me antes de mais nada o que os moveu a procurar-me. Se o nível de ansiedade deles sobe tão alto, que até mesmo a fala se torna penosa, tento aliviar dizendo algo como: "Deve ser uma sensação esquisita dirigir-se a uma pessoa completamente estranha e contar-lhe coisas pessoais, sem quase não ter-lhe dito senão olá". Muitas pessoas que me veem pela primeira vez são muito agradecidas por esse comentário, presumindo que se baseia em autêntica empatia – em oposição à rotina. Muitas vezes isso tem um efeito de descontração sobre elas porque lhes permite saber que a ansiedade e a inibição são compreensíveis em tal situação; devem ser consideradas como reações naturais.

Eu mesmo não me sinto inteiramente à vontade ao permitir que palavras como "ansiedade", "inibição" ou até mesmo "vergonha" entrem no campo psicoterapêutico demasiado cedo. É como se certo tabu estivesse ligado a tais palavras – ou pelo menos uma advertência para usá-la com cuidado e delicadeza. Embora eu sinta que é bom, no primeiro encontro, mencionar a possibilidade de sentir-se estranho, esquisito ou ter falta de completa confiança, palavras como ansiedade ou vergonha são mais difíceis de digerir. De fato, justamente em nosso tempo psicologicamente iluminado, até mesmo um tanto deformado, nem sempre é fácil para os clientes – especialmente os do sexo masculino – admitir seus medos. Pode ser aviltante fazê-lo, visto que nossos medos não se encaixam em nossas imagens populares de virilidade. Já é suficientemente ruim não ser capaz de encontrar um estado de espírito harmonioso por si só – tendo de recorrer aos serviços de um psicoterapeuta. Esta é também a razão por que ninguém deveria ficar sabendo algo a respeito das visitas de um cliente, se possível. Conta-se com a discrição profissional do terapeuta e espera-se evitar ser visto por quaisquer outros clientes. Por outras palavras, o simples fato de buscar um psicoterapeuta pode ser motivo de vergonha.

Tal visita pode até mesmo ser mantida em segredo dos próprios companheiros, da família ou de amigos. Há muitas razões convenientes para manter segredo do próprio cônjuge uma visita a um terapeuta no começo. Uma mulher pode argumentar que seu parceiro não compreende coisas do coração, ou que ele ficaria zangado e talvez enciumado se soubesse que ela tinha dificuldades emocionais que não discutiu com ele. Com os homens, pode haver a humilhação de não ser considerado suficientemente homem para se virar sozinho. Um homem que visita um terapeuta pode sentir-se como um fracote e temer ser levado menos a sério por seus amigos, colegas e especialmente por sua parceira.

Contudo, a intenção dos pioneiros da psicanálise foi criar uma ambientação que fosse o mais livre possível de ansiedade e vergonha. Neste espírito, Freud exigia que os analisandos dissessem tudo o que lhes viesse à mente, e que os analistas se abstivessem de todo tipo de crítica e julgamento. A única tarefa destes, dizia ele, seria interpretar neutralmente as conexões psicológicas. No método junguiano, em que a regra básica de Freud foi modificada, e o divã psicanalítico foi substituído por uma ambientação face a face, o ponto de convergência é compreender a situação consciente e inconsciente; faz-se a tentativa de oferecer ao analisando um espaço protegido no qual os sentimentos de ansiedade e vergonha se tornam completamente desnecessários. Isto, no entanto, não impede seu reaparecimento – às vezes violento. Mas quando realmente emergem, são atribuídos à transferência e a suas resistências – repetições de conflitos e de padrões estabelecidos na infância. Voltando ao aqui e agora da situação analítica, eles podem ser trabalhados no diálogo terapêutico. Esta intuição de muita importância constitui a base de grande parte da psicoterapia analítica desde Freud.

No entanto, será que a ambientação terapêutica é realmente concebida de tal forma que todos os sentimentos de ansiedade e de vergonha chegam a não passar de repetições de experiências anteriores? Sou cético em relação a isso. Com efeito, a situação terapêutica é realmente "esquisita" – espera-se que uma pessoa em busca de ajuda confie a alguém completamente estranho suas preocupações mais íntimas – e talvez mais constrangedoras. Para além do fato de que tal estranho possa chamar a si mesmo de especialista em assuntos da psique, o cliente não tem nenhuma conexão real com essa pessoa. Deveria parecer uma completa surpresa, pois, se a pergunta do terapeuta "O que o traz aqui?" não consegue provocar uma efusão imediata e completa do coração?

A experiência mostra que há muitas vantagens na diretriz segundo a qual o terapeuta deveria ser um estranho e também alheio ao círculo social do cliente. Contudo, esta mesma não familiaridade pode fazer com que seja tanto mais urgente que os clientes se perguntem se podem ou não confiar nesta pessoa. É simplesmente natural que um cliente deva sentir-se ansioso acerca da perspectiva de sentir-se pequeno e envergonhado, vulnerável e exposto tão logo se desabafe. Não está concedendo ao terapeuta o poder de feri-lo, rejeitá-lo, criticá-lo e depreciá-lo – até mesmo de tirar vantagem de sua fraqueza?

Podemo-nos perguntar se tais receios são provocados pelo próprio ambiente terapêutico – a situação real – ou se têm mais a ver com a expectativa de ser envergonhado, cujas raízes remontam à infância. Em outras palavras, tais receios deveriam ser atribuídos às fantasias-transferências do cliente? Considerando a grande variedade de reações que os clientes individualmente têm no primeiro encontro terapêutico, não pode haver nenhuma resposta clara. Alguns analisandos potenciais podem sentir-se tão bem compreendidos pela maneira de o terapeuta ouvir e reagir que já experimentam, durante a primeira hora, alívio do peso de sua ansiedade decorrente da vergonha – inspirando-lhes, assim, confiança e esperança em boas coisas que advirão do esforço terapêutico comum que está a ponto de desenrolar-se. Em outros casos, porém, o cliente pode sentir-se tão humilhado pela frieza e falta de empatia do terapeuta, que ele jamais retorna, ou no mínimo decide ficar em guarda contra qualquer ofensa ulterior à sua autoestima. Ele também pode concluir que o terapeuta tem boas razões para não levar a sério suas lamúrias. O terapeuta é, afinal, o profissional que sabe o que é melhor. Assim, vemos como é difícil distinguir entre uma avaliação real da situação e uma reação baseada em transferência. De fato, pareceria que dificilmente há situações reais de alguma importância que não evoquem inconscientemente modos de experimentar e de reagir estabelecidos previamente.

Se ele ou ela estivesse conectado somente com a realidade da situação, um potencial analisado poderia ter uma linha de pensamento que poderia ser expressa da seguinte maneira: "Meu terapeuta é alguém que eu não conheço. Ele é mais ou menos reconhecido como autoridade em sua área. Estou indo ter com ele para uma terapia, e pago uma taxa. Fico livre para pôr um termo ao tratamento a qualquer momento; o terapeuta não me pode forçar a continuar. Tenho o direito de ficar criticamente alerta, de avaliar se ganhou ou não minha confiança. Pretendo ter minha opinião pessoal e não me render a seu poder de onisciência". Entretanto, a mesmíssima realidade pode inspirar outra linha de raciocínio completamente diferente, ou seja, "psicoterapia, sim, porque eu estou passando por uma crise emocional e estou confuso. Assim, como posso ter certeza de que meu terapeuta não tem razão quando interpreta minhas dúvidas acerca de sua competência e minha vergonha perante sua falta de tato como prova de minha resistência? Talvez eu realmente precise lidar com isso em prol de meu crescimento psicológico". A realidade é, portanto, que embora clientes pareçam ter direitos iguais, e ser perfeitamente livres para entrar e sair de um contrato psicoterapêutico, os terapeutas, de fato, estão em vantagem em relação a seus clientes. Têm o controle de número maior de interpretações que podem usar em vantagem própria. O cliente está quase sempre em uma posição mais fraca. (Isto não significa que, em determinados pontos do processo, o cliente não possa fazer o terapeuta sentir-se completamente inútil, desvalorizado ou chantageado – por exemplo, por meio de ameaças de suicídio). Seja como for, é extremamente difícil para pessoas que estão sofrendo de feridas psíquicas estabelecer com autoconfiança se vieram ao lugar certo quando optaram por um terapeuta, para saber em que medida devem levar a sério suas dúvidas. As minuciosas reflexões de Tilma Moser sobre esta questão (1984) merecem cuidadosa atenção.

No começo, a pessoa que busca ajuda tem grande respeito pelo terapeuta, sentindo-se estar em uma posição inferior ou mais fraca. Por mais incômodo e constrangedor que isso possa parecer ao cliente, seria ainda mais difícil de suportar se devesse ver o terapeuta em uma personificação mais fraca. Se assim fosse o caso, como se poderia esperar que ele tivesse confiança nele? Este é o motivo pelo qual a maioria dos potenciais analisandos procura um analista que é consideravelmente mais velho e mais experimentado do que eles. E isso faz sentido. Quando estamos fisicamente doentes, somos forçados a colocar-nos nas mãos do médico e confiar em sua competência. Se somos submetidos a uma cirurgia, assumimos bem literalmente uma posição inferior – sob o bisturi. Nestes casos, porém, estamos expondo apenas nossos corpos. Com o psicoterapeuta, revelamos nossos pensamentos e ações, sonhos, fantasias e sentimentos de vergonha e de culpa mais secretos. E não somos simplesmente objetos sobre os quais o médico age, mas parceiros ativos; a psicoterapia analítica não pode ir a lugar nenhum sem certo grau de cooperação entre analisando e analista. Tal cooperação exige um nível básico de confiança, e mesmo assim, cliente e terapeuta não parecem estar no mesmo nível. De fato, a maioria dos clientes preferiria ter grande respeito por seus terapeutas a considerá-lo como colegas – mesmo assim, frequentemente se queixam a esse respeito.

Então, qual é, pois, o sentido da frase "parceria terapêutica", frequentemente repetida? Jung era de opinião que, em análises mais profundas, "o médico saia do seu anonimato e preste contas de si mesmo, exatamente como faz com o paciente" (OC 16/1, § 23). Reiteradas vezes ouvimos que o terapeuta, também, submete-se à análise, que metade de toda análise exaustiva consiste no próprio autoexame do terapeuta. "Nenhum artifício evitará que o tratamento seja o produto de uma interação entre o paciente e o médico, como seres inteiros" (OC 16/1, § 163). Mas o que isto significa no exercício diário da profissão? Este lema pode ser posto em prática? Acredito que a ideia de uma parceria terapêutica é decisiva, mas também penso que deveria ser relativizada em certa medida. Acima de tudo, não deveríamos esquecer que essa parceria entra nos limites de um contato com metas específicas. Jamais deixa de ser uma análise ou psicoterapia do estado emocional do cliente. Isto significa que a situação do cliente não é intercambiável com a do terapeuta. Os clientes deveriam ser capazes de usar a terapia e o terapeuta a serviço de seu processo de desenvolvimento, conforme disse Winnicott. Eles deveriam sentir-se tão livres quanto possível para referir seus problemas, conflitos, necessidades, seu amor pelo analista, bem como seu ódio e desapontamento. Concede-se aos clientes o direito de regredir e eles têm permissão para comportar-se tão infantilmente quando necessitarem dentro da ambientação terapêutica. Isso não é sempre tão fácil, na medida em que o medo da vergonha amiúde impede os clientes de abandonar-se ao analista.

Sob hipótese alguma os psicoterapeutas devem deixar-se levar, ainda que todo o seu ser pareça clamar por isso. Devem sempre colocar as necessidades do cliente em primeiro lugar, empregando a maior vigilância e senso de responsabilidade em todas as suas próprias ações. Não podem reagir irrefletidamente, devolver golpes, retribuir amor, punir ou retaliar. Há muito tempo, os psicanalistas freudianos elaboraram uma técnica de tratamento com o fito de reduzir não somente a encenação do cliente, mas também as reações emocionais inapropriadas do analista. Na análise junguiana, onde a influência recíproca é reconhecida como importante fator psicoterapêutico, não são estabelecidas tais regras técnicas. Não há nada para proteger o analista contra a perda dos limites terapêuticos, envolvimento em enredamentos emocionais em nome da espontaneidade, abertura mútua e diálogo honesto. Assim, ainda mais ênfase é colocada em um senso de responsabilidade pessoal pelo mundo interior do cliente. Em todo caso, a parceria da terapia não está baseada em pé de igualdade.

Acontece que frequentemente os clientes se queixam da falta de mutualidade no relacionamento terapêutico. Eles estão absolutamente certos quando ressaltam que, embora nada saibam da vida privada do terapeuta, nada obstante devem contar-lhe tudo sem reservas. É impossível negar este desequilíbrio, e, uma vez que o conhecimento deveras equivale a poder, não admira que muitos clientes sintam como se eles estivessem à mercê de alguém que sabe tanto a respeito deles. À medida que o tratamento continua, muitos clientes, compreensivamente, acham humilhante quando o analista se torna parte tão importante de suas vidas e se sentem, com ou sem razão, apenas como um entre muitos, valorizados apenas por razões profissionais.

Não importa como ponderemos, não podemos separar tais sentimentos das realidades inevitáveis e reconhecidamente antinaturais da situação psicoterapêutica. Posto que os indivíduos possam ter reações diferentes, as relações terapêuticas não são iguais às relações naturais da vida real. Os relacionamentos amorosos ou amicais que proporcionam satisfação durante longo período de tempo baseiam-se em um equilíbrio de dar e receber, de abertura recíproca e de fixação de limites. Em comparação, a desigualdade artificial da situação analítica pode parecer um tanto humilhante. Não é por acaso que falamos de "submeter-se" a uma análise.

No entanto, é realmente necessário sentir-se aviltado desse modo? A intenção da psicoterapia analítica não é fortalecer o senso de autoestima da pessoa, em vez de sentimentos de vergonha e de degradação – como o próprio ambiente da terapia parece fazer? Naturalmente, poder-se-ia objetar que um analisando que fica constrangido diante de seu analista sofre de uma falsa vergonha que o impede de aceitar as partes "humanas, demasiadamente humanas" de si mesmo. Ainda assim, não se pode negar que há algo aviltante acerca da ambientação analítica, um fato que os clientes às vezes usam para justificar sua resistência: "Sentir-me-ia mais livre se nosso relacionamento fosse mais natural. O que realmente pode resultar dele? Por que eu deveria expor os conteúdos de meu coração ao Sr.? Em todo caso, em algum momento nosso relacionamento acabará". Ou: "O Sr. sempre quer saber tudo a meu respeito. Eu, no entanto, não sei absolutamente nada a seu respeito. Não sei o que o

Sr. realmente está pensando". Ou: "O que significa que o Sr. se importa comigo? No fim de contas, o Sr. tem de ver o lado positivo de todas as coisas: é seu trabalho".

Como pode reagir o analista em tal situação sem aumentar o fardo de vergonha do analisado? C.G. Jung recomendava frequentemente que, quanto possível, os analistas encontrassem seus pacientes "no mesmo nível – nem muito alto, nem muito baixo" (OC 18/1, § 337). Ele sugeriu que isto minimizaria as dificuldades causadas pela transferência (e, posso acrescentar, as causadas pela resistência). Contudo, vimos que o analista e o analisando não podem encontrar-se em completa igualdade no ambiente psicoterapêutico. Todavia, deveríamos reconhecer que as ideias de Jung representam um afastamento da técnica freudiana clássica. Uma de suas modificações mais decisivas envolve o anonimato analítico, a ideia de que os analistas não deveriam demonstrar reações humanas de nenhum tipo e, de acordo com a regra da abstinência, deveriam limitar suas observações à interpretação dos conflitos do inconsciente. Ao contrário, Jung queria tratar seus analisados de maneira mais "humana", entrando espontaneamente em diálogo com eles. Deste modo, introduziu um estilo muito pouco ortodoxo no encontro terapêutico, que foi como uma brisa libertadora para o analista, trazendo uma liberdade a que eu, de minha parte, não gostaria de renunciar.

Contudo, alguns analistas têm compreendido mal o lema de Jung segundo o qual os analistas deveriam "prestar contas de si mesmos, exatamente como faz com o paciente" (OC 16/1, § 23), tomando-o como permissão ou até mesmo como uma diretriz para contar seus sonhos ou descrever como eles lidam com seus próprios problemas. Este tipo de comportamento poderia ajudar a estabelecer melhor equilíbrio, de modo que o cliente não se sinta tão humilhado por sua inevitável posição inferior na terapia? Quanto a mim, tenho minhas dúvidas. Por exemplo, o analista deveria acautelar-se do perigo de que, com as melhores intenções terapêuticas e em obediência ao mandado de prestar contas de si mesmo, possa inconscientemente usar o cliente para suas próprias necessidades de desabafar. Ele pode não compreender que fardo isso coloca nos ombros do analisado, cujas preocupações ele pode facilmente perder de vista. Em minha opinião, os analistas mui raramente ajudam seus clientes quando trazem para a análise suas dificuldades pessoais, numa tentativa de ter um encontro no mesmo nível.

Um exemplo pode ilustrar o que quero dizer. Um analisando sofria de alternâncias periódicas de humor, descritas por ele como buracos profundos. Muitas vezes, bastava o mais leve contratempo para puxar-lhe o tapete sob os pés, de modo que caía em um abismo de absoluta indignidade.

Costumava, então, sentir-se completamente desvalorizado, envergonhado até mesmo de aparecer no trabalho, onde detinha grandes responsabilidades. Era evidente que seus sentimentos de degradação tinham pouco a ver com a realidade. Em vez disso, era a impiedosa ostentação inconsciente que lhe fazia tais exigências exageradas, abatendo-o com sentimentos de total inadequação. Terapeuticamente, senti que era importante não deixá-lo sozinho nesses buracos. Ele precisava de alguém que compreendesse seu sofrimento com empatia, embora, no final de contas, ele devesse lidar com seus problemas em conexão com as vicissitudes de uma história de vida difícil. Naqueles momentos críticos, tentei comunicar-lhe como ele estava perdendo todo acesso às suas qualidades positivas humanas e profissionais, caindo na armadilha do complexo de inferioridade. Normalmente ele se sentia melhor depois tais sessões, e não demorou muito para que fosse capaz de enxergar o mundo e a si mesmo mais realisticamente. Contudo, em retrospectiva, ele se sentiria envergonhado por ter sido tão choramingas, dependendo de minha ajuda para recuperar o equilíbrio.

Um dia, quando havia caído em um de seus buracos, segui um impulso espontâneo revelando-lhe que eu sabia muito bem como é sentir-se assim, tendo eu próprio experimentado algo semelhante. Foi somente um breve aceno e – e isso é muito importante – um aceno verdadeiro, posto que talvez mais verdadeiro para o meu passado do que para o meu presente. Ofereci-o no momento em que julguei deveras compreender como deve ser sentir-se em seu calabouço, em um impulso espontâneo para mitigar-lhe a vergonha e colocar-nos mais no mesmo nível. Na sessão posterior, porém, disse-me que minha observação o fizera sentir-se mal compreendido. Quando eu disse que conhecia tais estados depressivos a partir de experiência pessoal, eu apenas demonstrei quão incapaz eu era de imaginar a extensão de seu sofrimento. Para ele, era simplesmente inconcebível que eu jamais pudesse cair em tal inferno. Evidentemente, meu analisando ainda precisava idealizar-me e, assim, era-me impossível fazer minha parte para situar-nos no mesmo nível.

Claramente não são as confissões pessoais do analista que trazem reciprocidade ao ambiente terapêutico. Parece-me que o mesmo nível é mais um produto da atitude do analista, especialmente de sua aptidão para a empatia; depende de sua disposição para buscar o nível no qual possa acontecer um encontro com cada cliente individual. A mutualidade também acontece quando os analistas tentam descobrir qual o papel que eles desempenham em quaisquer dificuldades que possam surgir na situação transferencial, em vez de atribuir todos os problemas sempre à patologia do cliente.

Em se tratando da unilateralidade do relacionamento terapêutico, parece-me que o mais proveitoso para os terapeutas é reconhecer junto aos seus clientes que suas queixas são compreensíveis e realistas. Os terapeutas precisam expressar sua empatia pelo sofrimento que o desequilíbrio necessário na situação analítica provoca em seus clientes. O tom de voz do terapeuta normalmente determinará se isto será percebido como condescendente ou não. Naturalmente, o sofrimento do cliente pode também estar conectado a sentimentos específicos de transferência, e pode ser usado por ele como uma forma de resistência. Em tais casos, tenho tido bons resultados ao abordar diretamente o assunto, por exemplo, dizendo: "Algo em você está tão enfurecido pela desigualdade deste relacionamento que busca impedir-nos de trabalhar juntos. Seria uma pena, para você e para mim, se nossa terapia devesse malograr por causa disso".

Em suma, sinto que o mais importante é afirmar a sensação do analisado de que pode ser difícil ser tolerante com a situação analítica, e fazê-lo antes de interpretar todas as dificuldades como provenientes da transferência ou da resistência.

Sexualidade

O estereótipo ainda está bem vivo, segundo o qual a análise lida principalmente com questões sexuais. Deste modo, os analisandos frequentemente contam com – ou temem – o fato de que o analista vai querer saber todos os detalhes de sua vida íntima. As perspectivas de Freud enrijeceram-se em um dogma. Esta é uma das razões por que muitas pessoas buscam especificamente um analista da corrente junguiana. Leram ou ouviram que junguianos não enxergam tudo como uma questão sexual e, de fato, levam muito a sério a dimensão espiritual. O que é verdadeiro em tudo isso?

A psicologia junguiana também busca as qualidades simbólicas da sexualidade em sonhos, fantasias e até mesmo no comportamento. Consoante à "interpretação no nível subjetivo", por exemplo, a relação sexual em sonhos pode ser vista como uma união do eu com outra parte da psique, a *coniunctio*, na linguagem da alquimia. Este ideal de um nível subjetivo de interpretação é bastante valioso, pois volta nossa atenção para as tendências interiores da personalidade e ajuda a trazê-las para a consciência. Entretanto, devemos também precaver-nos contra a perigosa armadilha de minimizar ou dissimular os atos físicos reais a que a impulsividade sexual pode levar. Sentimentos de vergonha a respeito da própria sexualidade podem influenciar tanto o cliente quanto o analista, levando-os a usar interpretações simbólicas como uma forma de evitar assuntos aflitivos e incômodos. Em tais casos, o interesse no nível de interpretação subjetiva e simbólica torna-se uma defesa, seja cônscia, seja inconscia. Isto não era de forma alguma a intenção de Jung; pessoalmente lembro-me dele a dizer outro tanto. Contudo, o abuso pode ser predominante, se bem que não intencional, e deveríamos estar conscientes de seus perigos.

Não se pode negar que a sexualidade pode ter seus aspectos delicados também dentro da psicoterapia analítica. Como o problema entra no diálogo? É óbvio que todo psicoterapeuta terá seu modo de abordagem desta e de outras questões. Pessoalmente, prefiro conceder aos analisandos tanta liberdade quanto possível para discutir o que quiserem, a seu modo, apesar do fato de que esta mesma liberdade pode provocar ansiedade decorrente da vergonha. O cliente pode preocupar-se com o fato de que seu interesse particular causará rejeição, que dirá algo desnecessário ou não equilibrado. Tais temores de vergonha podem refletir padrões de interação estabelecidos na infância. Dado que tais padrões emergem na transferência, tem-se a oportunidade terapêutica de elucidá-los. No entanto, ao longo do processo, acho importante deixar que o analisando seja aquele que levanta as questões. Contudo, os temas que surgem em sonhos podem ser dignos de consideração especial.

Pode acontecer que uma questão tão importante quanto a sexualidade simplesmente não emerja por muito tempo. Quando isto acontece, normalmente chamo a atenção para o fato dizendo algo como: "Já percebeu que a questão da sexualidade jamais emergiu em nossas conversas, e parece estar entre parênteses, fora dos nossos sonhos também?" Este é um gesto atraente pelo qual pessoas particularmente acanhadas são agradecidas amiudadas vezes. Pode oferecer a ocasião para refletir a respeito de por que uma questão tão importante tenha sido negligenciada. Alguns analisados demandam tal estímulo antes de poderem confessar que retiveram todos os sonhos de teor sexual. Pode acontecer que o analisando simplesmente não referiu tais sonhos, especialmente se ele ou ela suspeitava que revelariam constrangedores sentimentos eróticos no relacionamento transferencial em relação ao terapeuta. Muitas vezes, tais clientes ficam aliviados por poderem falar abertamente acerca de tais fantasias. Em outras ocasiões, porém, a ansiedade decorrente da vergonha e o constrangimento a respeito da sexualidade em geral dominam totalmente a atmosfera. Nestes casos, em que o cliente relegou a sexualidade a uma zona de tabu vigiada pela vergonha, é importante rastrear as conexões intrapsíquicas na base do tabu. Obviamente pode acontecer que uma pessoa não levanta o problema da sexualidade porque ele ou ela está gozando de um relacionamento satisfatório e não a experimenta como um problema, posto que isso seria raro entre pessoas que buscam terapia. Assim, se o cliente negligenciou a questão da sexualidade, deve-se sempre questionar a motivação de tal omissão.

Conforme mencionei na seção sobre a nudez, o ato de expor o próprio corpo está arquetipicamente associado à vergonha. Intimidades sexuais não toleram espectadores. Ver, assim como ser visto, dispara o alarme da vergonha. Isto não significa que não tenhamos nenhuma liberdade quando se trata de dados arquetípicos, ou que as atitudes sociais e a educação moral não influenciam a tendência de um indivíduo ao puritanismo ou ao desavergonhado desejo de exibir-se. De fato, as atividades exibicionistas e voyeuristas são atraentes precisamente porque desconsideram as advertências da vergonha e seduzem-nos com o "charme do proibido".

Até mesmo em sociedades pré-literárias, onde praticamente todo o espaço vital é partilhado, considera-se perturbativo e altamente inconveniente observar duas pessoas ocupadas em relações íntimas. Tendo em vista tal fato, é mais fácil compreender a reação do cliente que certa vez me disse: "Tenho dificuldade em falar com o Sr., um estranho, acerca dos detalhes de minha vida sexual. Isso é algo que só posso fazer com minha amante". Assim, podemos perguntar-nos se temos razão, em cada caso, em interpretar tais inibições como nada mais do que defesas neuróticas? Será que não pode haver alguma raiz arquetípica para barreiras de vergonha que impedem um observador de ser cúmplice do que deveria acontecer por trás de portas fechadas? E o mesmo não se poderia aplicar ao observador que, por acaso, é um analista? Gostaria de advertir contra julgar como neurótico todo sentimento de vergonha ligado à exposição de atividades e fantasias sexuais, e postular cautela, a fim de não confundirmos impudência desrespeitosa com uma saudável atitude em relação à sexualidade. Naturalmente, com isso não tenho a intenção retroceder perante a responsabilidade do analista de ajudar o cliente a alcançar maior flexibilidade e liberdade ao lidar com sua sexualidade e a ansiedade decorrente da vergonha que a acompanha. Estou apenas fazendo um apelo à delicadeza analítica e à empatia que frequentemente são necessárias a fim de evitar que as barreiras da vergonha se tornem ainda mais rígidas. O mesmo conselho serve para todas as questões revestidas de vergonha que contribuem tão poderosamente para a resistência contra a análise.

Em minha experiência, há determinadas questões sexuais que têm especialmente maior probabilidade de estarem impregnadas de vergonha. Questões deste tipo entram no campo terapêutico quando um analisando sente que é necessário confessar que – embora esteja envolvido em um relacionamento – ainda se masturba. O cliente a miúdo experimenta isso como uma derrota e, consequentemente, sente uma aviltante perda de autoestima. A intensidade de seus sentimentos de vergonha pode não ter nenhuma relação com a frequência com que ele se masturba – se se entrega ao vício várias vezes diariamente ou somente de quando em vez.

Um homem de 35 anos de idade ocasionalmente sentia-se dominado pela compulsão de comprar revistas pornográficas que lhe estimulavam as atividades masturbatórias. Depois se sentia tão sujo, que ficava deprimido por muitos dias, e tinha sérias dificuldades para concentrar-se. Foram muitos meses antes que ele pudesse vencer a vergonha e começasse a falar a respeito disso na análise. Quando narrou que sonhava repetidamente com um cão que o importunava, latia e farejava-o, sugeri-lhe a interpretação de que talvez ele não pudesse evitar sentir-se como um cão sujo. Nos sonhos, cães, com seu faro para as coisas, podem significar intuição instintiva. Assim, disse-lhe que parecia que ele estava com medo de que alguém próximo, talvez seu analista, pudesse sondá-lo e perscrutá-lo de algum modo. Pela primeira vez ele conseguiu falar a respeito de como se sentia envergonhado de seu hábito de levar consigo para a cama revistas pornográficas a fim de se masturbar.

Este não é o lugar para investigar o complexo problema da compulsão para masturbar-se – que pode provir de muitos tipos diferentes de motivação inconsciente. Neste contexto, estamos interessados principalmente no sentido da vergonha.

A vergonha, em conexão com a masturbação, às vezes é misturada com sentimentos de culpa. Por exemplo, um homem casado certa vez me disse que se sentia culpado em relação à sua esposa, uma vez que ele estava a despojá-la de algo que lhe pertencia.

Contudo, qual é o significado dos sentimentos de vergonha extraordinariamente intensos, tão frequentemente associados à masturbação? É uma vergonha baseada meramente na educação e nas normas coletivas, um receio de não ser normal em questões sexuais? Ou pode equivaler a um tipo de *Leidensdruck* ['tensão psicológica'] – o sofrimento significativo que motiva alguém a buscar até encontrar o problema mais profundo, do qual a masturbação é apenas um sintoma? No primeiro caso, a vergonha por causa da masturbação seria a forma de a sociedade punir os indivíduos que sucumbem a práticas sexuais inaceitáveis – infligindo-lhes um golpe na autoestima. Não obstante, resta a questão: o que impede a pessoa em questão de aceitar sua prática que, afinal, é um assunto puramente privado? Ao proibi-la, não está se expondo à derrota, preparando-se para repetidas torturas de autoaversão? Na prática, às vezes é possível reduzir a intensidade do impulso compulsivo ajudando o cliente a não ser tão duro em sua autopunição. Uma vez mais, a compulsão para masturbar-se que dispara uma violenta sensação de vergonha normalmente é sintomática de distúrbios mais profundos que deveriam gradualmente encaminhar-se para o holofote da análise. Em tais casos, raramente é produtivo permanecer no nível do sintoma. Contudo, se a tensão foi atenuada a ponto de a masturbação ser experimentada e aceita como uma forma de prazer autônomo e escape (*Selbstbefriedigung* ['autossatisfação']), terá sido dado um passo importante. É claro que, no caso, não se pode negar a dolorosa consciência de que a masturbação é um prazer sucedâneo que implica muita solidão.

Como método bem conhecido, baseado na experiência e no bom senso, em psicoterapia analítica evita-se lidar diretamente com sintomas, visto que estes são meramente expressões de distúrbios mais profundos. Isto naturalmente se aplica aos problemas sexuais que levam uma pessoa a buscar um terapeuta – costumeiramente frigidez, entre mulheres, e complicações de potência, entre homens. Que a impotência e a frigidez normalmente indicam problemas de relacionamento mais gerais tornou--se um truísmo hoje em dia. No entanto, também se deve estar consciente de que, com muita frequência, distúrbios de personalidade mais profundos estão no âmago de tais dificuldades de relacionamento. Para aqueles que procuram um terapeuta buscando ajuda para dificuldades sexuais, todo o assunto do sexo provavelmente tem sido relegado a um reino escuro e vergonhoso de tabu. Os terapeutas que trabalham com tais pessoas deparam-se com uma forte "resistência decorrente da vergonha" tão logo venha à tona a questão de atos e experiências sexuais. Conseguintemente, parece importante, em tais casos, lidar terapeuticamente com a resistência baseada na vergonha e avançar com cautela rumo a uma investigação de seu pano de fundo. Às vezes somente por meio de uma "análise da resistência" – possivelmente uma análise prolongada – é que se pode conseguir acesso às emoções e fantasias conectadas com o problema. Isto é especialmente importante quando esta vergonha não apenas provoca resistência no relacionamento terapêutico, mas também funciona como um tabu no relacionamento amoroso. Destarte, representa um passo avante de grande importância quando a atmosfera de confiança na terapia evoluiu até o ponto em que o cliente pode revelar os detalhes privados de sua vida sexual, especialmente os momentos perturbativos. Muito além do efeito catártico que tal partilha possa ter para o cliente, ela permite que os terapeutas tenham empatia mais precisamente com as dificuldades e conflitos particulares que possam estar na raiz do distúrbio. Apesar de o método baseado na experiência dizer que lidar diretamente com o sintoma é um erro técnico, tais momentos de compreensão empática podem muitas vezes ser terapeuticamente úteis. Por outro lado, um conselho direto ao cliente a respeito de como modificar ou refinar sua técnica sexual normalmente não é muito eficaz, visto que, geralmente, o problema não é tanto de técnica, mas de fantasias eróticas reprimidas pela ansiedade, inibição e vergonha. Contudo, mesmo um conselho direto pode trazer algum benefício se, ao dá-lo, o terapeuta transmite uma atitude livre e natural em relação à sexualidade.

Há, porém, um inconveniente que deveria ser mencionado a respeito das discussões a respeito da sexualidade. Elas podem estimular excessiva atenção para o assunto que pode bloquear uma entrega espontânea à energia sexual. Mesmo um único pensamento acerca da possibilidade de falhar sexualmente pode ser suficiente para desarmonizar todo o programa instintivo de funções sexuais, como se um observador interior tivesse assumido sua inoportuna função. Por exemplo, um analisando que era sexualmente inibido, e que frequentemente padecia dificuldades de potência com sua esposa, teve o seguinte sonho: no meio da relação sexual, percebeu seu pai a observá-lo com um telescópio de uma janela da casa vizinha. Na realidade, seu autoritário pai sabe-tudo havia provocado muita dor ao analisando. Como consequência, ele aprendera a sempre vigiar com cuidado seus próprios impulsos espontâneos. Era como se tivesse introjetado o olhar crítico de seu pai. A rigidez de disciplina de seu pai provavelmente continha um grau de sadismo, mobilizado inconscientemente para prevenir-se contra sua alegria, matizada eroticamente, pela masculinidade de seu filho a desabrochar na adolescência. Assim, fazia sentido que o assunto sexo fosse tabu na família. Na situação analítica, era claramente necessário – especialmente depois que o analisando apresentou o sonho mencionado anteriormente – perguntar-lhe se ele também considerava a mim, "o pai-analista", um voyeur, alguém que queria espreitar sua vida íntima e perturbar sua espontaneidade sexual.

Desta forma, na terapia, é importante que as barreiras da vergonha se tornem mais flexíveis e que o campo da sexualidade se torne assunto de diálogo mais livre. Todavia, é preciso levar em conta que uma dose excessiva de reflexão sobre o tópico da sexualidade pode inibir a espontaneidade instintiva do indivíduo. Em todo caso, as resistências do cliente atinentes à sexualidade podem juntar-se secretamente às do terapeuta. Efetivamente, isso exclui do encontro analítico aspectos particulares da experiência sexual que podem ser os verdadeiros detalhes do limite da vergonha que estão na origem do distúrbio que precisa ser tratado. Enfatizar uma atitude terapêutica de respeitar resistências, lidar indiretamente com sintomas e evitar uma superdose de reflexão acerca da matéria em discussão são todos meios de justificar esse comportamento evasivo. Parece-me que a arte da análise exige descobrir um bom meio-termo. Se os analistas estão fadados a ser observadores e a provocar a autoridade observadora interior no analisando, esta função pode ser realizada pelo menos de maneira tolerante, animadora e estimulante da espontaneidade. O analista pode também experimentar certo grau de vergonha decorrente da ansiedade mais ou menos consciente, oriunda de sua fantasia de estar sendo visto pelo cliente como um voyeur indiscreto, estimulado pelas histórias do cliente a respeito de suas experiências sexuais. Não creio que somente porque assumem a costumeira *persona* profissional – adotando uma atitude neutra e prática relativamente aos segredos do cliente –, os analistas deveriam imaginar que estão completamente livres de tendências voyeuristas. O mais provável é que eles deveras experimentem, ocasionalmente, fantasias de natureza erótica. Afinal, psicoterapeutas são humanos. Isso faz com que seja ainda mais importante que permitam suas fantasias chegarem à consciência, pois somente quando as fantasias são conscientes é que podem ser controladas. Em algumas circunstâncias, podem também representar aspectos de uma contratransferência "sintônica", caso em que funcionam como um indicador de processos inconscientes ocorrendo no cliente – o que pode ser de grande ajuda no processo terapêutico.

Em raras ocasiões, os clientes contam suas experiências sexuais mais íntimas de maneira marcadamente desavergonhada. Isto traz-me à mente uma experiência que aconteceu no exercício de minha profissão. A certa altura, percebi que eu estava ficando cada vez mais constrangido à medida que ouvia dois pacientes diferentes descreverem suas experiências mais íntimas em todos os detalhes. Era contra minha inclinação natural dar-me conta de meu desconforto, porque, até então, eu tinha visto a mim mesmo como alguém de postura liberal, livre de todo traço de puritanismo. Contudo, em ambos os casos, a atmosfera no campo terapêutico tornou-se cada vez mais carregada de energia sexual, até que se tornou claro para mim que tais histórias eram destinadas a seduzir-me – em um caso, bastante deliberadamente; em outro, talvez, nem tanto assim. Ora, os clientes têm o "direito" a tais impulsos. O melhor é se, na análise, estes puderem encaminhar-se para a consciência do cliente e ser aceitos e compreendidos pelo terapeuta. Enquanto permanecerem inconscientes ou, pelo menos, implícitos, criam uma atmosfera terapêutica estranhamente tensa e carregada. Entretanto, uma vez que o analisando reconhece tais desejos, o terapeuta não pode, em nenhuma hipótese, agir para realizá-los. Ainda que a iniciativa devesse vir do cliente, tal consumação resultaria em uma infração do relacionamento terapêutico e em um abuso de confiança que poderiam provocar sério dano emocional (Jacoby, 1984, p. 105-113; Witz, 1989).

As incontáveis nuanças do amor e da sexualidade que chegam a exprimir-se no encontro analítico pode facilmente desencadear ansiedades decorrentes da vergonha tanto no analista quanto no cliente. Este fato precisa não apenas ser aceito, mas também, se tratado propriamente, pode ter importante função terapêutica. Para começar, sentir empatia e respeito pelos limites da vergonha de um cliente contribui para uma intuição terapêutica de delicadeza. Sensibiliza os analistas quanto a que proximidade eles podem chegar dos segredos de determinado cliente. A própria ansiedade do analista, decorrente da vergonha, pode ajudá-lo a obter uma percepção melhor do singular limiar da vergonha de determinado indivíduo. De forma alguma isso tenciona contradizer a meta terapêutica geral de libertar os analisados da tirania da vergonha. No fundo, a busca é pelo que Aristóteles chama de "verdade pura" (como oposta à "opinião geral"). No percurso em direção a esta meta, muitas vezes é possível dissolver identificações com a "opinião geral" e assim superar a vergonha adquirida. Voltaremos a este tema mais adiante.

Por outro lado, pareceria que no clima social atual, os tabus sexuais perderam muito de seu poder. Houve um crescimento definitivo na tolerância pública com sexualidade extramarital e até mesmo com as relações homossexuais – pelo menos superficialmente. A difusão da SIDA pode ter refreado um pouco a promiscuidade, mas uma vida sexual ativa ainda é um valor digno de aspiração. Consequentemente, pessoas que, por alguma razão, não podem acompanhar esta propensão, tendem a sentir-se envergonhadas. Em razão de suas vidas (sexuais) não vividas, elas podem sentir-se incompletas como homens ou mulheres, e sofrer de uma sensação geral de serem excluídas e desvalorizadas. Elas podem ter como certo que seus analistas também vão desvalorizá-las – outra razão por que o tema da sexualidade pode estar carregado de vergonha e somente acessível para a discussão depois que grande quantidade de inibição tiver sido superada. Isto nos leva a um assunto a ser tratado no próximo capítulo, respeitante à vergonha e aos sentimentos de desvalorização que vão além da questão da sexualidade.

Solteirice e solidão

Não conheço muitas pessoas que achem fácil passar suas vidas sem um parceiro, mesmo que a sociedade hodierna ofereça muitas possibilidades para lidar criativamente com a solteirice e construir uma vida satisfatória sem o matrimônio. Ser solteiro ainda é um problema, especialmente para as mulheres, embora eu conheça bom número de homens que também ficam perturbados por não serem capazes de encontrar a parceira adequada, ainda que não sintam exatamente grande necessidade de sexo.

O *páthos* da solteirice é duplo. Aqui há não somente um anseio por amor, proximidade emocional e física não satisfeito, mas pode também haver a vergonha advinda de ser visto pelo mundo como não amado e indesejável.

Mesmo nesta época de feminismo e de maior reconhecimento de mulheres profissionais e solteiras, os antigos valores ainda conservam sua força, consciente ou inconscientemente. Deste modo, a mulher sem marido – e mesmo sem parceiro – muitas vezes é considerada digna de pena.

É extremamente aviltante sentir-se objeto de piedade. A pessoa sente-se desvalorizada e diminuída – sensações que podem provocar desconfiança até mesmo em relação a pessoas que realmente se importam. O indivíduo começa a suspeitar que todo o mundo está apenas sendo outra pessoa que vem para apiedar-se dele – e comprazer-se secretamente. Isto é particularmente verdadeiro quando esses outros são casados ou têm parceiros. Eles despertam o sentimento de ser secretamente desprezado e rebaixado.

Ao mesmo tempo, as pessoas solteiras frequentemente sentem intensa inveja daqueles que decidiram correr o risco de envolver-se em parceria, matrimônio ou família. Às vezes, sentem-se envenenadas por seus sentimentos de inveja. Como defesa, surge um impulso a rebaixar ou depreciar aqueles a quem se inveja, chamando-os de conservadores e aborrecidos, ou rejeitando-os por causa de sua estreiteza de mente. Os que se surpreendem nesta intriga, continuadamente reagem com vergonha de seus próprios impulsos, humilhando-se até mesmo em maior medida.

Durante séculos, mulheres não casadas têm sido consideradas de pouco valor social – um preconceito que as tem colocado em grande desvantagem. Mesmo hoje, persiste o costume de zombar de solteironas frustradas. Não obstante o considerável progresso na luta pela igualde e autonomia das mulheres, um espectro patriarcal continua a exercer seu poder – só valorizando uma mulher se tiver um homem ao seu lado. Tanto quanto em qualquer lugar, este fantasma está poderosamente em ação nas psiques das próprias mulheres. Em uma mulher solteira, pode fazê-la sentir-se incompleta e presumir que todo o mundo pensa que ela não poderia encontrar um homem, que foi esquecida e desprezada. Assim, ela sofre a humilhação dos não amados. Homens solteiros também sofrem de solidão, mas normalmente não são inclinados a esse tipo de reação decorrente da vergonha. Ainda que permaneça solteiro, o homem não está sujeito a tão intensa discriminação. No máximo, deve defender-se de rumores de que seja homossexual, o que pode entender como discriminação.

A tarefa da análise é questionar tais normas coletivas e, portanto, reduzir seu poder – especialmente quando se interpõem no caminho da individuação.

Muitas vezes, porém, as normas são incrivelmente teimosas, especialmente quando estão entretecidas nos padrões inter-relacionais perturbados resultantes de feridas da primeira infância. Em tais casos, não são apenas as normas sociais que têm um efeito desvalorizador. A raiz do problema jaz na autorrejeição, até mesmo ódio a si mesmo, que é experimentado de forma projetada como desaprovação por parte dos outros.

A ansiedade decorrente da vergonha de ter de enfrentar o mundo como uma deplorável pessoa acanhada não está desconexa do ferimento psíquico que, em muitos casos, é responsável pelo estado de solteirice não escolhido por determinada pessoa. A questão precisa ser vista dentro do mais amplo contexto possível. Está claro que a solteirice indesejada pode ter uma variedade de causas, uma das quais é certamente a falta de confiança, tanto em outra pessoa quanto em si mesmo. Sem confiança, não há possibilidade de abrir-se a um relacionamento.

Geralmente se sabe que a capacidade de alguém confiar em ou desconfiar adequadamente de outras pessoas provém da história de sua infância. Inúmeras crianças, tendo sido traumaticamente envergonhadas, constroem um espesso muro protetor de desconfiança ao redor de si mesmas. Ao longo de suas vidas, evitam a todo custo a repetição daqueles sentimentos horríveis de dor e de humilhação que suportaram quando crianças. Consequentemente, qualquer pessoa que se aproximar demais desperta intensa desconfiança e medos de serem usadas e degradadas mais uma vez. Tão logo alguém se abre – ficando, assim, vulnerável – surgem desconfianças. O pior de tudo é que se pode não ter aprendido a diferenciar entre aqueles em quem se pode confiar e aqueles em quem não se pode. Desta forma, ativa-se um círculo vicioso: uma impenetrável barreira de vergonha impede qualquer pessoa de aproximar-se suficientemente para descobrir quão fraco e necessitado eu sou. Quero assegurar-me de que a ninguém seja dado o poder de rejeitar-me, ferir-me ou envergonhar-me novamente. Assim, busco proteção por trás de uma máscara que transmita a seguinte mensagem: "Sou inacessível". Contudo, se este sinal de advertência funcionar, ninguém nem sequer tentará aproximar-se de mim. Deste modo, uma vez mais, encontro-me sozinho, convencido de que ninguém me ama.

Uma das maneiras de defender-me desta terrível sensação de rejeição é dar a impressão de que estou perfeitamente completo sem amigos ou relacionamentos íntimos. No entanto, não posso permitir que outros vejam quanto sofro de solidão, de modo que devo mantê-los a distância. Posso estar morrendo de fome e de sede, devido à falta de relacionamentos interpessoais, mas sinto vergonha de admiti-lo até mesmo para mim mesmo, e espero definitivamente conservá-lo em segredo dos outros. A proximidade por que anseio, em última análise só pode significar abrir-me a uma potencial desonra e humilhação. Parece demasiado perigoso arriscar uma nova experiência que me reasseguraria de que meus receios são infundados, de que eu não preciso transferir um padrão da infância para todo parceiro possível e permitir que um muro de medo e vergonha se interponha entre mim e toda nova experiência.

O mundo interior de alguém que sofre desta maneira é regido por um ditador cruel, uma figura que amiúde pode ser vista em sonhos. Temas de perseguição e aprisionamento são comuns nestes sonhos. Por exemplo, uma pessoa sonha aguardando execução em um campo de concentração. Naturalmente outros temas podem também ocorrer: estar sozinho no deserto ou afundar em areias do deserto, por exemplo. É como se aqueles que sofrem desta autorrejeição carregassem dentro de si um padrão de interação acompanhado por um teipe que diz: "O que quer que eu faça, sinta, diga ou deseje, sempre encontra rejeição. Eu nunca posso fazer a coisa certa para alguém. Jamais consigo obter sua aprovação afetuosa". Em casos muitos sérios, dever-se-ia falar de uma vergonha primária na qual o padrão de interação comunica a mensagem interior de que "eu deveria ocultar minha face do mundo. Não sou adequado para ser humano, pois sou indigno de amor". Isto representa a experiência mais básica de rejeição, que não oferece nenhuma alternativa senão sentir-se desvalorizado e desprezado. Expectativas, anseios e necessidades de amor e de cuidado estão aí somente para sempre reprimidas. A pessoa trata a si mesma da maneira como as figuras parentais parecem tê-la tratado quando criança. Não importa o que os pais realmente tenham feito ou deixado de fazer: a criança cresceu com um padrão interior de interação destrutivo.

Cede-se à figura parental mais odiada, apesar da mágoa e da degradação que causou, porque representa a força e o sucesso que a criança idealiza. A criança idealizou esta força aparente. A identificação com tal figura parental estabelece um padrão de interação na pessoa em crescimento que comunica a mensagem interior: "Se eu quiser chegar a alguma coisa, devo ser forte e superar minha necessidade de cuidado. Tenho de admitir o mínimo possível de sentimentos". Este tipo de falso-orgulho parece necessário se eu quiser reter algum vestígio de autoestima. No entanto, tão logo este orgulho é minimamente abalado, sentimentos insuportáveis de vergonha ameaçam invadir.

Tentei descrever aqui um padrão intrapsíquico que pode estar situado sob a ansiedade decorrente da vergonha associada à situação de alguém estar solitário e solteiro. O analista deve enfrentar esta dinâmica com empatia. Há um sentimento de ser não amado ou indigno que impregna todo o ser da pessoa e que ela pode, de diversas maneiras, suportá-lo, desviar-se dele ou compensá-lo. Dever-se-ia acrescentar que os homens também sofrem a ferida da rejeição que descrevi, repreendendo a si mesmos por serem incapazes de lançar-se em alguma parceria sólida. Todavia, a solteirice deles é menos complicada do que a da mulher porque não carrega o fardo adicional da discriminação social.

Quaisquer que sejam as causas mais profundas de sua solteirice, a tarefa para muitas mulheres deve ser construir uma vida satisfatória para si mesmas sem um parceiro íntimo. Isto torna-se uma preocupação particularmente premente quando atingem seus anos mais maduros. Então, a meta de fortalecer sua autoconfiança tem a prioridade. Com ou sem ajuda terapêutica, a tarefa começa com um processo de discernir e, assim, desarmar o fantasma patriarcal interior, muitas vezes inconsciente, que desvaloriza as mulheres solteiras, considerando-as incompletas. Este trabalho cria uma base para uma melhora da autoconfiança e, assim, conduz a maior liberdade na vivência da própria vida.

E, mesmo assim, jamais se deveria subestimar o profundo sofrimento que o ser solteiro muitas vezes provoca. Este tipo de sofrimento não pode ser comparado com a dor que os parceiros se infligem mutuamente. Precisamente quando tornam a vida um inferno vivo um para o outro, ou seus filhos afligem-nos com intermináveis preocupações, o sofrimento de pessoas casadas é qualitativamente diferente do de alguém que está sozinho. O mais doloroso na situação difícil da pessoa solteira é a sensação de não pertença, de ser excluído de uma parte essencial da vida.

Os analistas que são casados não encontram respostas fáceis para esses clientes, se não quiserem soar triviais ou pouco convincentes. Em minha experiência, às vezes parecia que eu praticamente devia sentir-me envergonhado por ser muito mais sortudo neste aspecto – uma questão que normalmente atribuo ao fenômeno da "contratransferência sintônica" (Fordham, 1957). Em outras palavras, mediante minha própria reação de vergonha, percebo o receio da cliente de sentir-se envergonhada por mim, o receio de que a olhasse complacentemente. Por exemplo, uma cliente teme que, no fundo, eu a considere tão indigna de amor quanto todo o mundo. Em todo caso, ela não consegue crer que eu seria capaz de compreender a natureza e extensão de seu sofrimento. Se, por acaso, ela perceber que posso realmente sentir empatia por sua situação, isso pode provocar um receio de proximidade. Para proteger-se da possibilidade de ser compreendida, ela pode atribuir a mim motivos de piedade e de condescendência. No fim de contas, aos olhos dela, minha posição pode somente ser comparada à dos ricos invejáveis, que reduzem os outros à condição de miseráveis pedintes, dando-lhes esmolas.

Tais são as fantasias que frequentemente dominam o campo terapêutico – que o analisando tem de suportar não menos que o analista. Muitos destes mesmos clientes ficam envergonhados quando percebem que eles, às vezes, sentem inveja de mim e de minha vida, a qual parece – sob qualquer aspecto imaginado – muito melhor. Muitas vezes leva anos antes que o laço de confiança entre nós se torne suficientemente durável, pois em sua experiência, o analista é a miúdo um intruso cruel, violador, capaz de provocar indizível vergonha. Terapeuticamente, pode ser de importância decisiva que o analista sobreviva à arremetida da rejeição, da suspeita e da resistência, a fim de provar sua habilidade de estar ali como um aliado terapêutico.

Com isso, chegamos ao nosso capítulo final e a uma discussão das abordagens psicoterapêuticas analíticas para o fortalecimento da confiança em si mesmo e para encontrar libertação da constritiva ansiedade decorrente da vergonha e da suscetibilidade à vergonha.

7
Psicoterapia com problemas de autoestima e suscetibilidade à vergonha

Padrões interacionais, o complexo da vergonha e a transferência

Conforme discutimos em um capítulo anterior, sentimentos de autoestima fundamentam-se no cuidado empático e na afirmação que alguém recebeu dos outros relevantes no começo da vida. Isto tornou-se um tipo de truísmo psicológico, especialmente desde a publicação de Spitz e Winnicott, assim como de Neumann e outros. A moderna pesquisa com crianças confirma tais nexos, ainda que com matizes diferentes. De modo especial, os escritos de Daniel Stern apresentam uma descrição detalhada de como vários padrões interacionais que têm suas origens no relacionamento entre o bebê e a mãe influenciam todos os relacionamentos posteriores e são particularmente relevantes para o relacionamento entre o paciente e o analista. Os primeiros padrões de relacionamento também desempenham papel decisivo em relação a problemas de ansiedade decorrentes da vergonha e de suscetibilidade à vergonha, visto que esta está baseada em primeiro lugar no receio de perder importância na opinião dos outros, ainda que esses outros sejam apenas figuras de fantasia. A autoestima, como a ansiedade decorrente da vergonha, tem uma origem interpessoal, e, ainda assim, é precisamente a vergonha que nos lança no isolamento e no retraimento.

As pessoas que consultam um psicoterapeuta colocam-se em um campo interativo semelhante, em determinados aspectos, ao "relacionamento primitivo", no qual a cuidadora maternal exerceu a função do outro autorregulador. Frequentemente, os clientes esperam que o psicoterapeuta possa, de algum modo, aliviar-lhes o sofrimento psíquico e resgatá-los de sua depressiva falta de fé em si mesmos. Desafortunadamente, o terapeuta não pode realmente assumir esta função, uma vez que o analisando não é um bebê, e o analista não é sua mãe. A psicoterapia analítica exige a colaboração ativa do analisando. O resultado da análise depende não apenas de seus esforços conscientes, mas também de se o si mesmo – o centro organizacional da personalidade como um todo – pode ser constelado de forma cooperativa.

Contudo, de muitas maneiras, as formas básicas da interação primária mãe-bebê, juntamente com o importante senso do si-mesmo, permanecem ativas durante toda a vida. O seguinte exemplo, tirado do exercício de minha profissão, deveria ilustrar isso. Um jovem estudante consultou-me a queixar-se de que achava difícil sentar-se em uma sala de conferências porque era atormentado pela fantasia de que todos podiam ouvi-lo deglutir, o que os faria reparar nele e olhar para ele. Isto impedia-o de concentrar-se no professor e em sua conferência. Tudo em que conseguia pensar era no ruído constrangedor de sua deglutinação, o que o fazia sentir-se horrivelmente inconveniente. Ele estava claramente sofrendo de sintomática ansiedade decorrente da vergonha, sentindo-se exposto, observado pelos outros. Isso, então, colocava em perigo sua autonomia. Ele escolheu-me como seu analista porque havia lido um livro meu que o fez sentir-se compreendido. E em uma entrevista inicial, de acordo com seu relato, ele sentiu-se à vontade tanto com minha idade quanto com a atmosfera do consultório. Nos três ou quatro primeiros encontros, trabalhamos principalmente em sua dificuldade principal, a saber, o problema que ele tinha em demarcar as fronteiras de seu próprio domínio. Depois que lhe disse que a psicoterapia deveria ajudá-lo a obter maior senso de como é sentir-se ele mesmo, ele repentinamente sentiu-se muito mais autoconfiante. Pela primeira vez, contou ele, foi capaz de dizer a si mesmo: "Sou quem eu sou", e ela realmente o ajudou em grau surpreendente. Acima de tudo, ele atribuiu esta transformação a um tipo de poder mágico que eu, seu analista, aparentemente tinha à minha disposição[8]. Também eu estava admirado da subitaneidade desta transformação, sabendo muito bem que jamais iria durar. Com efeito, a recuperação durou poucos meses, mas, depois de uma longa pausa de férias e do sofrimento de uma decepção, meu cliente recaiu na antiga familiar ansiedade decorrente da vergonha. Já não estava animado pelo poder mágico que experimentara anteriormente em minha presença. Ao contrário, agora ele sentia isso como uma influência agindo contra ele. Como antes, continuei a ter demasiada influência; agora, porém, esta mesma influência fazia-o sentir-se profundamente abalado e potencialmente incapaz de permanecer ele mesmo em minha presença.

Como devemos ver este episódio psicologicamente? Em minha experiência de analista, um progresso assim imediato é bastante incomum. É claro que, inicialmente, exerci a função de uma mãe bondosa, protetora, autorreguladora. Até onde percebi, sua melhora nada tinha a ver comigo ou com as poucas interpretações que eu fizera, mas antes com esta função do outro autorregulador que o cliente inconscientemente havia delegado

---

8. Em minha opinião, esta fantasia tinha tão pouco a ver com delírio psicótico quanto sua ideia de ser observado tinha a ver com autêntica paranoia.

a mim. Os poderes mágicos que ele me atribuiu podem ser explicados com referência a uma esfera arquetípica que subjaz à mãe do relacionamento primordial. Está expresso na concepção mítica de uma "Grande Mãe" ou deusa-mãe, que Erich Neumann descreveu tão bem (1955). Dever-se-ia notar aqui, no entanto, que a ideia de uma deusa-mãe imensamente poderosa é uma formação simbólica atribuída retrospectivamente a experiências primitivas que são pré-conscientes, anteriores ao desenvolvimento da fala e da representação.

Tudo isso deveria ajudar a explicar por que a mínima evidência de uma sombra projetada sobre minha perfeição era suficiente para mergulhar meu cliente em profunda decepção. Sua aliança com meus poderes mágicos rompeu-se, lançando-o de volta a si mesmo. Repentinamente, ele tornou-se consciente de sua dependência em relação a mim – alguém que tinha estado a abandoná-lo durante semanas, no tempo em que estava de férias – e envergonhado disso também. Desconfiança e ansiedade decorrente da vergonha invadiram igualmente – todas elas expressões de padrões de interação adquiridos na primeira infância repetidos agora na transferência para mim.

Este exemplo mostra por que o analista não pode simplesmente assumir a função do outro que regula o si-mesmo do cliente. Em primeiro lugar e acima de tudo, dever-se-ia dizer que, se o analista quiser ser terapeuticamente eficaz, deve seguir estas dicas do inconsciente do analisando. O que quer que o terapeuta faça, seja interpretando, confrontando, enfatizando, seja apenas reagindo, o fator decisivo é a maneira pela qual o analisando recebe, interpreta e compreende isso. Para que o analista realmente assuma a função de um outro autorregulador novo e melhor, o analisando deve abandonar suas defesas suspeitosas e superar sua vergonha da dependência, ainda que esta vergonha possa ser justificada em certa medida. A regressão ao estágio do bebê não é sempre necessária, mas é-o a desconstrução de uma carapaça defensiva e falsamente autônoma. O importante para o analista é obter acesso aos sentimentos da criança ferida, conforme descrito pormenorizadamente por Asper (1993) e Mattern-Ames (1987). É dispensável dizer que tudo isso acontece em um plano simbólico, visto que o analista não é a mãe. Na melhor das hipóteses, o cliente experimentará o analista como se fosse um novo outro autorregulador. Embora este acontecimento transformador se dê dentro da psique do analisando, o analista é uma parte instrumental e indispensável dele.

Contudo, antes que algo disso possa acontecer, os padrões de interação inconscientes do analisando devem ser ativados na análise, cedo ou tarde atraindo o analista para dentro de seu drama. Em termos junguianos, isto significa que a percepção que o paciente tem do analista é distorcida de acordo com não importa que "complexo" seja ativado. Kast observou corretamente que "os complexos ilustram os relacionamentos e todas as emoções aparentadas, e os padrões de comportamento estereotipados experimentados na infância e mais tarde na vida" (Kast, 1992, p. 158). Esta história dos relacionamentos tende a encaminhar-se também para a análise. Por exemplo, no caso do analisando descrito acima, uma vez que sua fusão inicial com minha onipotência se havia dissolvido, ele retornou ao seu antigo, demasiado familiar padrão de relacionamento. Se ele devesse expressar com palavras sua fantasia e expectativa, poder-se-ia ler: "Eles empurram-me contra a parede. Não ouvem nada do que digo, de modo que o que tenho a dizer deve ser estúpido. Tudo o que posso fazer é retrai-me para dentro de minha carapaça. Somente então serei notado. De repente, eles voltarão sua atenção para mim, a criança amuada. É constrangedor ser exposto assim, tornar-se o centro da atenção, mas pelo menos serei notado. Meu poderoso pai bem-sucedido, cuja única preocupação é a harmonia na família, tenta tudo para fazer-me parar com o amuo. Ele deseja loucamente assegurar-se de meu amor. Mas nada funciona. Não consigo sair de meu pequeno fosso, ainda que me sinta tão sozinho aqui. Sinto-me envergonhando por estar nele, mas seria ainda mais humilhante deixar-me ser resgatado".

Este padrão de relacionamento agora chegou a abranger o campo terapêutico entre nós. Durante muito tempo, ele chegava às sessões cheio de temor, preocupado com cair em uma situação vergonhosa. Ficava abalado quando chegava e contava-me como se sentia nervoso, mas, depois disso, mal conseguia dizer outra palavra. Era horrivelmente constrangedor cair em silêncios tão obstinados, mas era mais forte do que nós dois. Às vezes ele sinalizava que estava começando a afirmar-se mais eficazmente em sua vida exterior. Eu estava convencido de que isso era verdadeiro, mas ainda soava como se ele estivesse a dizer-me isso principalmente para satisfazer-me, e talvez a si mesmo de igual modo. Ele queria fazer-me entender que, apesar de tudo, nossos esforços não eram completamente debalde. Pois ele também exigia bastante de si mesmo. Sem dúvida, um impiedoso "si-mesmo ostentoso" instigava-o, especialmente em seus estudos. Ele precisava que seus professores o reconhecessem como extraordinariamente inteligente e talentoso, e a mais ínfima crítica podia levá-lo a cair fragorosamente. No entanto, ele jamais se permitia ficar paralisado por muito tempo, e trabalhava dia e noite para erradicar qualquer fraqueza. Sensível como era a críticas, também ficava muito constrangido com elogios, o que lhe causava um avassalador desejo decorrente da vergonha.

Consequentemente, ele estava muito determinado a ser um analisando cooperativo e digno, o que tornou tudo muito mais difícil quando ambos nos tornamos vulneráveis a seus complexos padrões controlados de interação. Embora eu percebesse seu desespero quando estava aprisionado em sua carapaça, quase não havia nada que um de nós dois pudesse fazer a esse respeito. Por exemplo, tão logo tentei abordar seu desespero, dei-me conta de que me estava aproximando demasiado. Assim, senti-me como seu pai, que tentava com todo o seu poder conquistar o beneplácito de seu filho a fim de restaurar a paz. Era evidente que, em tal momento, ele experimentava-me da mesma maneira. Às vezes, quando lhe fazia perguntas e demonstrava-lhe meu interesse por ele, ficava aliviado, mas normalmente estas intervenções eram sentidas como demasiado ativas e incômodas, forçando-o a retrair-se ainda mais em sua carapaça. Mas se eu o deixava sofrer sozinho suas dificuldades, sentia--se aflito consigo mesmo e abandonado por mim. Com o tempo, conseguiu expressar este último sentimento, embora de modo altamente indireto. Isso se devia ao fato de que seu desejo de receber cuidado e atenção de minha parte (ou de seu pai ou de um outro relevante) estava intimamente ligado à vergonha. Oferecer-lhe interpretações era também bastante embaraçoso. Por vezes ele era capaz de expressar algumas de suas dificuldades em um estilo falho, lacônico. Outras vezes, se eu tentava acrescentar-lhes alguns detalhes, colocando-as em um possível contexto psicológico, ele invejava meu conhecimento melhor e sentia-se mais do que nunca como se estivesse à minha sombra. Reiteradamente ele comentava que minha influência sobre ele era demasiado forte, que ela o bloqueava; ele sentia-se fraco por habituar-se demasiado a mim, que isso me fazia excessivamente importante em sua vida. O resultado de toda essa ambivalência era que ele não podia nem permanecer fiel a si mesmo nem estabelecer adequadamente um relacionamento comigo. Não importa o que eu fizesse, eu era impotente contra a "influência" que ele sentia emanar de mim, bloqueando-o completamente. Uma de suas fantasias dominantes era que seus problemas não eram ouvidos pelo outro, e que seria demasiado constrangedor expressá-los. Quantas vezes me disse que tinha algo a contar, mas que era algo "que não fazia parte da análise". Durante todo o tempo, ele estava consciente de que tudo que lhe dizia respeito era importante para a análise.

Juntamente com minha empatia para com sua péssima situação, também me tornei consciente de sentir raiva, raiva que crescia à medida que o tempo passava. Eu estava enraivecido pela minha impotência diante de sua obstinada resistência, por seu poder de colocar-me em uma situação de impotência. Logo tornou-se evidente que isto era um jogo de poder inconsciente que fazia parte, portanto, de seus padrões de interação. Então, decidi confrontá-lo com seu próprio jogo de poder, mostrar-lhe o efeito destrutivo que sua necessidade de satisfação tão ilusória estava provocando na análise, e como ele estava apenas derrotando a si mesmo por causa dela. Em certa medida, o confronto foi bem-sucedido, ajudando-o a romper o círculo vicioso no qual havíamos sido apanhados. A ruptura, em minha opinião, aconteceu em três níveis. Primeiro, o analisando foi obrigado a confrontar nossas metas terapêuticas e desafiado a ver como ele estava a sabotar o próprio melhoramento pelo qual ele estava esperando. Segundo, confrontações bruscas, ao que parece, não haviam sido um dos seus padrões de interação, não sendo comum em sua família. Desta forma, até certo ponto isto era uma nova experiência para ele, e juntamente com o terceiro fator, deu-lhe nova oportunidade: eu havia falado do jogo de poder entre nós, como ele, em certo sentido, tornara-se mais poderoso do que eu, e era capaz de exercer tirania sobre mim mediante sua atitude de rejeição. Ora, alguém que é capaz de exercer tamanho poder, já não deve sofrer por ser vergonhosamente pequeno e impotente. Meu analisando, portanto, já não se sentia completamente subserviente à minha "influência" e a seu efeito vergonhoso; ele também tinha o poder de castrar-me, por assim dizer, uma figura de autoridade paterna. Assim, a acusação em minha intervenção simultaneamente permitiu-lhe ter uma apreciação mais elevada de sua personalidade e potencial eficácia. Pelo menos suportou bem a aspereza da confrontação – de fato, era como se ele tivesse estado a esperar por ela.

Na mesma sessão, também lhe perguntei se ele não conseguiria enxergar nenhum outro jeito senão permitir que minha influência o bloqueasse, dando-lhe, assim, um pretexto para refugiar-se em um passivo papel de vítima. Será que ele não poderia, talvez, fazer uma atentiva diligente de imaginar como era tal "influência"? Por exemplo, ele poderia fazer uma ilustração ou um desenho dela a fim de descobrir seus contornos. Ele concordou e, depois desta sessão, ocupou-se em desenhar vários órgãos sexuais masculinos grandes e eretos – falos – que, em sua fantasia, ele associava ao seu pai (ou a mim, como figura de transferência paterna). Em seguida, repentinamente, decidiu anexar um desses pênis a um desenho de si mesmo. Este gesto simbólico despertou dentro dele uma percepção da atividade, iniciativa e energia viril que ele anteriormente identificara com seu pai e com minha influência. Assim sendo, começou um processo que o levou a maior liberdade e iniciativa, enquanto suas ansiedades decorrentes da vergonha e suas inibições começaram a esmaecer-se.

Logo em seguida, ele apaixonou-se profundamente pela primeira vez na vida. Subitamente, tornou-se admiravelmente ativo e superou muitas inibições. Todas as esperanças e desencantos que esta experiência despertou fizeram-no sentir-se intensamente vivo. Havia outra coisa muito decisiva acerca desta experiência: podia ser comunicada a outros e compreendida por eles; podia ser partilhada, visto que a alegria e a aflição do amor são eternos temas humanos. Assim, pela primeira vez ele sentiu que ser ele mesmo não exigia necessariamente resvalar furtivamente para um poço abandonado; ao contrário, ele podia ver a si mesmo como um homem perfeitamente normal, fazendo parte da raça humana.

Eu espero que este exemplo elucide como vários padrões de interação podem moldar a relação cliente-analista, e quão difícil pode ser atenuar o controle de tais padrões a fim de permitir a continuidade de um desenvolvimento que, na melhor das hipóteses, leva a um aumento da autoconfiança.

De modo geral, podemos dizer que os complexos psíquicos, com seus padrões de interação correspondentes, estão sendo constantemente ativados no aqui e agora – especialmente na situação analítica, como elementos da transferência. Por conseguinte, é terminante que o analista se faça disponível como figura de transferência. Isto só pode acontecer se ele se permite partilhar emocionalmente com o cliente, lendo sensivelmente suas próprias reações como indicadores das necessidades do analisando. Juntamente com o cliente, o analista entra no campo terapêutico caracterizado pela influência mútua de cada psique sobre a outra. Contratransferência e empatia "sintônicas" são instrumentos indispensáveis para transitar nesse terreno psíquico. O primeiro refere-se à possibilidade de que as próprias reações emocionais do analista lhe proporcionarão "palpites" acerca do processo inconsciente do cliente (Fordham, 1957). Levando-se em consideração que dentro do campo terapêutico o analista é influenciado pelo inconsciente do cliente, ele pode desenvolver antenas que o tornem capaz de perceber determinadas vibrações e até mesmo discretos elementos da experiência do cliente. Nada obstante, estas intuições contratransferenciais exigem sempre verificação, pois elas poderiam perfeitamente proceder dos próprios processos inconscientes do analista, projetados sobre o cliente (cf. Fordham, 1957; Jacoby, 1984).

Neste contexto, optei por usar a expressão "padrão de interação" em vez do termo junguiano "complexo". Claro que a ideia de interação está implícita na noção de um complexo, ainda que não esteja explicada detalhadamente. Na linguagem junguiana, os padrões de interação podem ser vistos como conteúdos do inconsciente pessoal na medida em que geralmente as necessidades humanas (arquetípicas) chegam a expressar-se na vida do indivíduo. Dito de outra maneira, geralmente os problemas da vida humana provêm de raízes arquetípicas que subjazem aos complexos no inconsciente pessoal. De acordo com a experiência, os padrões de interação e os complexos estão intimamente relacionados. Em minha opinião, um complexo é a modulação do sentimento ou o valor afetivo que é inerente a determinado padrão de interação. Embora a noção de padrões de interação (as RIGs de Stern) possa parecer enfatizar somente um nível objetivo, exterior da experiência, não deveríamos esquecer de que, como os complexos, esses são compostos primariamente de imagens e fantasias. Eles exprimem-se como imagens em sonhos, por exemplo, incorporando nossas expectativas a respeito de interações com os outros. Os modos característicos com que nos relacionamos às figuras de nossos sonhos representam padrões de interação. Posto que apareçam como figuras do mundo exterior – pais, amigos, superiores, inimigos, estrangeiros etc. – elas são, ao mesmo tempo, figuras de nossa fantasia, de nosso mundo interior.

Sempre que possível, a análise deveria ir ao fundo das emoções envolvidas nos padrões de interação, mergulhando nas memórias, sonhos, fantasias, ansiedades e sentimentos de vergonha ligados a elas. O aspecto de repetição da análise é tal que provoca uma revivificação de antigos conflitos e feridas. No entanto, isto difere de uma simples repetição literal, nisso que tal fato ocorre no ambiente terapêutico no qual a compreensão empática provoca um efeito sobre ofensas antigas, ainda virulentas. Muitas vezes, o cliente é inicialmente tomado de surpresa por tal compreensão, esquivando-se dela com desconfiança. Contudo, no fim, ela torna-se a base para uma tolerância e compreensão reencontradas do próprio modo de ser do cliente com todas as suas fraquezas e conflitos.

Conforme já disse, pode levar algum tempo para o cliente começar a confiar em tal compreensão, especialmente quando antigos padrões de interação continuam a afirmar-se, distorcendo as lentes com a desconfiança.

Obviamente o analista traz seus próprios complexos e seus padrões de interação correspondentes para a situação terapêutica. Na medida em que são inconscientes, podem perturbar e distorcer a compreensão que o analista tem do cliente e prejudicar o processo analítico. Assim sendo, uma completa análise de treinamento é absolutamente imperativa para todos os futuros analistas. No mínimo, a análise deveria sensibilizar o terapeuta para a possibilidade de que ele pode, a qualquer momento, ficar vulnerável a suas próprias projeções ilusórias e distorções contratransferenciais. Deveria também ajudá-lo a desenvolver a capacidade de examinar criticamente e modificar sua perspectiva, sem perder sua própria identidade ou integridade no processo. Seja como for, a capacidade de compreensão empática é de importância terminativa para a prática da análise. Considero a palavra compreensão (*Verständnis*) particularmente apropriada porque engloba tanto o conhecimento psicológico (*Verstand*) quanto o reconhecimento empático de ampla variedade de pontos de vista. O cliente, permitindo-se sentir-se compreendido e crescer em sua empatia por suas próprias feridas e deficiências, solapa sua expectativa ou medo de que as pessoas que o rodeiam irão reagir em relação a ele de acordo com seus padrões de interação habituais. Em outras palavras, ele retirará, em certa medida, suas projeções, e começará a ver os outros com olhos mais novos, mais claros. A dissolução de um padrão de interação consolidado pode, a princípio, ser desestabilizador, mas é necessário para que aconteça a mudança. Como exemplo, gostaria de voltar ao cliente que a pouco e pouco chegou a experimentar-me como algo diferente do que apenas uma influência que enfraquecia sua independência. Vagarosamente, se bem que com alguns deslizes, desenvolveu a capacidade de permanecer ele mesmo em minha presença e de começar atividades.

De uma perspectiva junguiana, poderia se dizer que a tendência natural de desenvolvimento e de organização do si-mesmo, anteriormente frustrada pelos padrões de interação negativamente limitadores, foi reatualizada. Em tais casos, a fixação dá lugar ao movimento, e as interações ganham mais vitalidade. Podemos perguntar-nos se isso ocorre porque as figuras e as representações interiores mudaram com o impacto da acomodação à nova liberdade e autoafirmação do cliente, ou se é o senso do si-mesmo que primeiramente experimenta o impulso de crescimento, iniciando apenas secundariamente uma mudança de atitude por parte das figuras interiores. Contudo, em qualquer dos casos, uma transformação do estado psíquico está igualmente implícita, e assim, portanto, também novas formas de interação com os outros relevantes.

Há evidências empíricas para mostrar que, em uma análise profunda ou psicoterapia, as figuras do mundo interior – representações intrapsíquicas – de fato mudam frequentemente. Isto pode ser visto o mais claramente possível em sonhos. Tenho testemunhado diversas séries de sonhos nos quais pais punitivos se transformaram, ao longo do tempo, em figuras interiores compreensivas. Às vezes, o ímpeto por transformação vinha do eu onírico. Por exemplo, homens perseguidores mudavam-se em amigos tão logo a sonhadora já não tentava fugir, mas em vez disso, voltando-se, enfrentava seus perseguidores. Alhures (Jacoby *et al.*, 1992, p. 207-208), escrevi extensamente sobre um sonho de um jovem no qual uma figura materna, aparentemente onipotente, semelhante a uma bruxa, que havia encarcerado o sonhador, foi repreendida e teve de renunciar a uma parte de sua onipotência. Isto teve um efeito libertador na autoestima do sonhador e, em consequência, em seus relacionamentos e interações.

Tais transformações não podem ser produzidas por um ato de vontade, nem da parte do analista, nem do paciente. Ambas as partes são atraídas para o processo orquestrado por aquela instância a que Jung chamou de "si mesmo". Isto se torna especialmente claro quando se vê o si mesmo como "centro diretor que orienta os processos psíquicos rumo à inteireza" (Neumann, 1962, p. 287). Manifesta-se no impulso em direção à formação da personalidade, ou seja, do processo de individuação. A tarefa do analista, qualquer que seja seu método, é ser um instrumento e um ambiente facilitador para o processo psíquico de acordo com as metas da individuação.

Vergonha e o processo de individuação

O processo de individuação, uma preocupação central na psicologia junguiana, é algo que o poeta grego Píndaro expressou há cerca de 2.500 anos em seu famoso aforismo: "Torne-se o que você é". Repetidamente, Jung esforçou-se por encerrar em palavras o que ele quis dizer com esta ideia. A definição seguinte, relativamente antiga, permanece boa.

> A individuação, em geral, é o processo de formação e particularização do ser individual e, em especial, é o desenvolvimento do indivíduo psicológico como ser distinto do conjunto, da psicologia coletiva. É, portanto, um processo de diferenciação que objetiva o desenvolvimento da personalidade individual... A individualidade já é dada física e fisiologicamente e daí decorre sua manifestação psicológica correspondente. Colocar-lhe sérios obstáculos significa uma deformação artificial. A individuação coincide com o desenvolvimento da consciência que sai de um estado primitivo de identidade (v.). Significa um alargamento da esfera da consciência e da vida psicológica consciente (OC 6, §§ 853-856).

Sabemos que Jung via o processo de individuação tendo seu começo com as crises da meia-idade e tornando-se ativo durante a segunda metade da vida, depois que o eu se tornou um pouco consolidado, e a pessoa realizou mais ou menos as tarefas coletivas de estabalizar-se em uma profissão e constituir família. Esta concepção, a meu ver, é uma generalização baseada na equação pessoal de Jung e de suas próprias experiências, que ele descreveu em suas memórias como um "confronto com o inconsciente" (Jung & Jaffé, 1963, p. 194-225). No entanto, levando-se a sério sua definição do processo de individuação como "o processo de formação e particularização do ser individual", então os processos da primeira infância do desenvolvimento do eu devem também ser levados em conta juntamente com os que acontecem durante a busca do jovem adulto por identidade.

Um encargo da psicoterapia deriva da ideia de Jung de que a personalidade é artificialmente deformada quando o processo de seu desenvolvimento natural é interrompido de alguma forma. A individualidade é o dom de cada ser humano, e a deformação pode acontecer em todas as fases da vida, por uma variedade de razões. Contudo, sem dúvida alguma, os maiores perigos para o desenvolvimento da individualidade estão presentes durante a infância e primeira infância, quando o equilíbrio entre facilitação e interferência encontra-se tão completamente nas mãos de seus cuidadores, a cuja completa mercê o bebê se encontra. Uma vez que os padrões de interação adquiridos naquela época frequentemente influenciam a autoestima e a qualidade dos relacionamentos humanos no presente, parece importante investigá-los em profundidade; normalmente, esta deformação artificial tem suas raízes nestas primeiras fases da vida.

Na análise ou na psicoterapia, ao cliente deve ser dada a oportunidade de reduzir o efeito destas interferências e encontrar uma atitude que facilite o processo de desvelamento. Muita coisa já terá sido realizada se os analistas simplesmente conseguirem evitar tornarem-se um obstáculo a este processo, visto que facilmente podem negligenciar até que ponto eles mesmos podem agir nos sulcos profundos dos padrões de interação de seus clientes. Esse atascadeiro manifesta-se na assim chamada "resistência", formada por ansiedade, vergonha e desconfiança. A miúdo, é necessário despender longas fases da análise lidando com defesas e transferências negativas, conforme mencionado anteriormente. Entretanto, quando se torna possível ao analisando passar por novas experiências e transformações em consonância com o processo de individuação, o analista muitas vezes fica admirado com os poderes da psique que não estão submetidos ao controle consciente, mas são antes sinais de algo maior dentro de nós.

No processo de individuação, a orientação para a meta da psique se manifesta como a busca pela "realização da própria inteireza". A meta é, ao mesmo tempo, um ideal utópico; na realidade, não há pessoas individuadas. Ao contrário, a individuação envolve a conquista da harmonia mais consciente possível entre o eu e os poderes do inconsciente, os quais se originam no si mesmo e visam a concentrar a personalidade como um todo. Jung também enfatizava que a meta da individuação "só importa enquanto ideia". Para ele, o essencial era "o *opus* (a obra) que conduz à meta: ele dá sentido à vida enquanto esta dura" (OC 16/2, § 400). O seguinte reconhecimento de Jung é relevante para nosso tópico:

> O processo de individuação tem dois aspectos fundamentais: por um lado, é um processo interior e subjetivo de integração, por outro, é um processo objetivo de relação com o outro, tão indispensável quanto o primeiro (OC 16/2, § 448).

As interações mutáveis entre o eu e as figuras interiores do inconsciente encontram-se em relacionamento recíproco com as figuras exteriores de nossa realidade social. Os seres humanos são criaturas sociais, mesmo que se tornem menos dependentes de outros por validação e autoestima à medida que se tornam mais integrados e individuados. Tendo experimentado esta transformação, serei mais capaz de afirmar minha própria natureza. Posso também estar em uma posição melhor para confiar em minha própria "voz interior" quando me disser se estou vivendo em sintonia com minha natureza autêntica.

Mas o que tudo isso tem a ver com a ansiedade decorrente da vergonha e com a suscetibilidade à vergonha? Com base na experiência, muita coisa, uma vez que autoconfiança maior significa maior liberdade em relação aos demais – quer sejam figuras reais, quer de fantasia. Em outras palavras, antigos padrões de interação fixados podem tornar-se mais maleáveis, e o limitar da vergonha, mais flexível. A ansiedade decorrente da vergonha associada à maneira como sou visto pelos outros se torna menos intensa e interferente.

Existe, ainda, outro benefício em casos de desenvolvimento favorável: a tensão é aliviada entre a fantasia vã a respeito da pessoa que se gostaria de ser e a percepção de quem se é na realidade. Ao mesmo tempo, a aspiração a determinada perfeição estimula o processo de individuação; a tentativa de corresponder às exigências do ideal do eu fornece a motivação necessária. Em minha opinião, uma das intuições mais importantes de Jung foi sua distinção entre perfeição e inteireza ou integralidade. Por exemplo, ele escreveu que quem quer que aspire à perfeição, "é obrigado a *suportar*, por assim dizer, o oposto do que intenciona, em benefício de sua inteireza" (OC 9/2, § 123). A perfeição exclui tudo o que é sombrio, perturbador e imperfeito, ao passo que a inteireza ou integralidade deve, por definição, incluir tudo o que é obscuro, sombrio e imperfeito. Por conseguinte, há, necessariamente, grande tensão entre meu ímpeto rumo à perfeição e minha aceitação da realidade do meu ser, com suas sombras e imperfeições particulares. Entregar-se a uma autossatisfação irrestrita resultará em um estado de tédio sem vida. Os sentimentos de vergonha, inferioridade e até mesmo de culpa que emergem em tal estilo de vida devem ser tomados como sinais do si-mesmo mais profundo de que o processo de vida e de individuação está bloqueado. Por outro lado, somente aceitando minhas limitações e suportando conscientemente minhas impotências e insuficiências é que posso restringir meu agigantado senso de vergonha e de culpa à sua função normal de guardião. Um período de psicoterapia no qual algum aspecto do processo de individuação chega à concretização pode ajudar a abrandar parcialmente a tensão entre meu desejo de perfeição e minha aceitação da insuficiência do meu verdadeiro eu. Pode aumentar a possibilidade de que eu possa alcançar um equilíbrio tolerável repetidas vezes.

Aqui é onde a vergonha, como guardiã da dignidade humana, aparece para desempenhar importante papel. Neste caso, estou pensando primariamente naquela forma de vergonha que Aristóteles associava a assuntos da verdade pura. Naturalmente somos incapazes de saber com alguma certeza o que se quer dizer com "verdade pura". Na melhor das hipóteses, podemos dizer que ela está em contraste com as muitas formas de artificialidade e fraude que fazem parte de nossas vidas. Tudo o que podemos fazer é tentar alcançar uma percepção de nossa verdade interior, redescobri-la uma e outra vez, e sempre que possível, permanecer-lhe fiel. Esta é uma questão de conduta ética, mas é também a essência do processo de individuação e do processo pelo qual estabelecemos um relacionamento com o que é maior dentro de nós (cf. tb. Beebe, 1992). A vergonha, afinal de contas, deveria ser vista como uma guardiã desta verdade interior, que toca um alarma perturbador sempre que nos desviamos desta verdade ou a evitamos.

Na prática, deve-se sempre perguntar que significado sentimentos de vergonha podem ter em cada situação particular. De um lado, é possível interpretar tais sentimentos como sinais sérios de advertência do si-mesmo profundo que deveriam motivar-nos a perguntar a nós mesmos: há realmente uma razão para que eu me sinta envergonhado de determinados aspectos de minha atitude ou comportamento? Estou sendo incapaz de viver suficientemente de acordo com as preocupações mais profundas do si-mesmo? Poderia isso ser uma mensagem de Deus, por assim dizer, tentando alertar-me para tais fatos? Por outro lado, tais sentimentos poderiam facilmente provir de uma suscetibilidade neurótica à vergonha e apontar para uma falta de autoestima, uma incapacidade de aceitar-me como sou. Por outras palavras, podem ser sinal de que a tensão entre o eu e o ideal do eu é, por várias razões, demasiado grande.

No final, é essencial que os analistas se aliem com aquelas partes do analisando que estão visando a satisfazer as necessidades mais profundas de sua natureza, mesmo que tais partes devessem expressar-se em um sintoma como a vergonha. Na prática, ambas as possibilidades deveriam ser levadas em conta, visto que seria não apenas presunçoso, mas também terapeuticamente contraproducente se um analista devesse confirmar várias manifestações de vergonha antes de investigar analiticamente se têm sido ou não produzidas por alguma figura interior aviltante, envergonhadora. Em tal caso, o analista também arriscaria confirmar a influência solapadora dessas figuras em vez de usar a interpretação para relativizá-la. Com frequência, as pessoas da infância do analisando que contribuíram para a formação desses padrões de interação não lograram criar um ambiente facilitador para os processos intencionados pelo si mesmo, criando, em vez disso, um clima de obstrução. Consequentemente, o analisado cresceu não sendo capaz de confiar em seus sentimentos, especialmente quando conclamado a avaliar seu si-mesmo com seus impulsos, fantasias e ações. É como se não houvesse nenhuma bússola interior. Às vezes a pessoa se sentirá envergonhada e até mesmo culpada acerca de impulsos essencialmente construtivos. Nesses casos, é como se o si mesmo estivesse "ofuscado" (Asper, 1993), ou seja, é como se as tendências originadas no si mesmo fossem experimentadas como negativas e vergonhosas, quando, na verdade, teriam sido decisivas para o desenvolvimento de autoestima adequada e, no fim de contas, para a individuação. Aqui, a tarefa da análise é ajudar o cliente a reavaliar seus valores.

A síndrome da Branca de Neve: Um exemplo tirado da prática analítica

Gostaria de concluir meus comentários sobre o "si mesmo obscurecido" com uma ilustração tirada do exercício de minha profissão, que segue de perto um padrão arquetípico intensamente expresso no conto de fadas "Branca de Neve". O conto de fadas pode ser visto como um pano de fundo coletivo, arquetípico para a situação pessoal de minha cliente.

O conto, em si, lida com a rejeição fatal e o envenenamento de uma filha por uma madrasta/bruxa. Em geral, o veneno da rejeição pode escavar sentimentos de vergonha e de culpa destrutivos contra impulsos vitais, de modo que a pessoa experimenta seus esforços por individuação como vergonhosos e presunçosos, ou simplesmente maus. Sob a influência desse veneno, os valores com que a natureza contribui para o processo de autoformação são obscurecidos, por assim dizer, e falsa e maliciosamente transformados em negativos.

Meu estudo de caso diz respeito a uma atraente mulher de 35 anos de idade, cuja mãe ainda tinha sido muito jovem e aparentemente muito bonita quando a deu à luz. O pai deve ter abandonado a família pouco depois disso, mas a mãe sempre disse à minha cliente que seu pai havia morrido. Conforme ela descobriu mais tarde, esta era apenas uma das muitas mentiras com as quais foi criada. "A srta. X", como a chamarei, também se lembra de que sua mãe sempre quis ser o centro das atenções e que precisava desesperadamente conquistar a admiração de todos ao seu redor. Ademais, minha cliente recorda que ela própria havia admirado tremendamente sua encantadora mãe e que ela era obrigada a agradá-la obedecendo a todas as suas ordens e realizando cada um de seus desejos. Em uma idade demasiado prematura, tivera de adaptar-se às necessidades de sua mãe, interpretando o papel de admiradora e até mesmo de serva a fim de assegurar-se o amor e a atenção da mãe. Desde muito cedo, assumiu a lida da casa para sua mãe e tentava ler os desejos da mãe a partir da expressão em seus olhos. Ela precisava segurar uma espécie de espelho mágico diante de sua mãe, o qual confirmava constantemente: "Você é a mais bela da terra". O tipo de espelhamento que minha cliente recebia de volta era: "Você é a melhor e mais querida – desde que você me admire como a mais bonita na terra e continue sendo uma parte de mim, provendo às minhas necessidades". Nos termos de Kohut, a filha devia servir como um "auto-objeto espelhento" para sua mãe – em vez do contrário, como deveria ter sido.

Contudo, as coisas entre mãe e filha se tornaram bastante ásperas desde que este entendimento começou a mudar. Quando, durante a puberdade, minha cliente começou, ela mesma, a parecer atraente, sua mãe não hesitou em rebaixá-la com observações indelicadas e humilhantes. Àquela altura, sua mãe se havia casado novamente e se rodeado de novos admiradores, que ela estava determinada a manter longe de sua filha. Claramente isto não era feito em espírito de maternal solicitude, mas antes de inveja e rivalidade. No entanto, não foi inteiramente bem-sucedida. Como acontece tão frequentemente em tais situações, o padrasto fez investidas secretas contra a menina, grotescamente abusando de sua posição de poder. Temendo a ira de sua mãe, a filha não tinha escolha senão conservar o assunto para si mesma.

Tão logo havia desenvolvido os primeiros sinais da puberdade, deve ter-se tornado vagamente consciente de que sua mãe de fato estava a rejeitá-la e a rechaçá-la. Entretanto, ela não podia permitir-se sentir abertamente raiva de seus pais, e assim, em vez disso, sentia-se profundamente envergonhada de si mesma, uma pessoa má e indigna. Sua única chance de sobrevivência reside na possibilidade de refugiar-se com "os sete anões por trás das montanhas"[9]. Ela estava à procura de significado e de

---

9. Anões têm muitos significados simbólicos na mitologia e no folclore. Estão sempre ligados à natureza e à Mãe Terra, e eram vistos na antiguidade como auxiliares da Grande Mãe, conhecidos como *kabirs* ou *daktyloi*, significando "dedos". Assim, eles têm um criativo aspecto fálico. Frequentemente eram retratados como ferreiros, sábios, inventores de ritmos musicais e mágicos. Trabalhavam no interior da terra, procurando ouro, bronze e outros metais em cavernas de montanha, e custodiando tesouros ali. De acordo com Jung, eles representam forças criativas no inconsciente.

Deus mediante sua imaginação e sonhos. Claro que ela também sentia intenso anseio por amor e troca de afeição. Sendo atraente, mais tarde, como adulta, realmente teve diversos relacionamentos com homens. Contudo, precisamente nesta área é que o envenenamento de sua mãe mostrava toda a sua eficácia. Nenhum relacionamento sobrevivia por muito tempo; por um motivo ou outro, todos se desfaziam.

Este problemático estado de coisas é simbolizado no conto de fadas pela vívida imagem da metade vermelha da maçã que a mãe-bruxa envenenara. A rainha, disfarçada de esposa de agricultor, oferece esta metade da maçã a Branca de Neve, e a moça não pode resistir em dar uma mordida. A maçã é tanto fruto do amor quanto do conhecimento. Morder a metade vermelha significa entrar em contato com o sangue como força vital, paixão e sensualidade. É o amadurecimento para tal amor e paixão que é envenenado e proibido pela invejosa mãe-bruxa.

Com demasiada frequência nos deparamos com tal situação. Mães que exibem sua própria inocência em questões de sexo e de amor – que mordem a parte branca da maçã – frequentemente impedem suas filhas de terem afinidade com membros do sexo masculino e com a sexualidade em geral. "Cuidado, minha filha, os homens só querem uma coisa, e nós estamos acima disso", parecem insinuar em cada ocasião, quer convenha, quer não –, muitas vezes motivadas por sua própria sexualidade reprimida. Também tenho percebido que mães que estão insatisfeitas com seus casamentos a miúdo fazem confidências a suas filhas em idade demasiado precoce, chorando a própria infelicidade, pela qual culpam os maridos, e acusando os homens de serem, em geral, agressivos, bestiais, ou absolutamente infiéis. Ao fazerem isso, estão mordendo a parte branca da maçã e dando a parte vermelha envenenada a suas filhas. O veneno pode instilar nas filhas um medo inconsciente e uma rejeição de tudo o que se refere ao amor, e uma repressão de seu próprio lado instintivo, que anseia por relacionamento. Continuamente pode-se encontrar em tais mães uma inveja inconsciente da feminilidade de suas filhas.

Durante a análise, compreendi que o problema básico da srta. X era que ela era forçada a experimentar seus próprios impulsos, bem como tudo o mais dentro dela, como mau, não confiável e vergonhoso. Entrementes, com o tempo ela de fato tornou-se mais consciente de sua própria vida interior, de suas necessidades e desejos. Anteriormente, ela estivera consciente principalmente das necessidades das pessoas que a circundavam; obsequiosamente, fizera parte de suas fantasias, como se ela estivesse sendo vivida por tais pessoas. A nova consciência levou-a a depreciar-se severamente, a condenar-se por ter ressentimentos e sentimentos negativos e críticos em relação a muitos de seus amigos. Também chegou a reconhecer sua inveja e ciúmes, especialmente em relação a amigas com as quais demonstrara cuidados maternais. Novamente, pôde-se ver que ela crescera avaliando-se inconscientemente de acordo com um padrão segundo o qual ser boa significava agir como um espelho ou uma escrava para sua maravilhosa mãe. Por outro lado, todos os seus impulsos de autonomia, todas as suas próprias necessidades e seus esforços por autoestima eram ruins. Na análise, sua intenção específica era dar passos no processo de encontrar a si mesma, no processo de individuação. Destarte, sua recém-descoberta capacidade de alimentar pensamentos negativos e críticos, além de ressentimentos, eram tentativas extremamente importantes de seu si mesmo mais profundo para definir suas próprias fronteiras acima de e contra pessoas que tão frequentemente a haviam usado como um tipo de lixeira na qual despejar suas "porcarias". Contudo, uma mãe interior negativa desafiava-lhe o direito de fixar tais fronteiras e condenava-a com sentimentos de culpa e de vergonha caso devesse fazer qualquer coisa que parecesse minimamente egoísta ou negativa. Portanto, invejar sua mãe era não apenas natural, era perfeitamente compreensível; admiti-lo e, se possível, aceitá-lo era essencial para sua cura e autorrealização. Em razão de sua extrema sensibilidade, ela deve ter sabido, quando criança, que era vítima da inveja de sua mãe, mas qualquer conhecimento desse tipo havia sido reprimido desde muito tempo, tendo em vista o grande risco de perder o amor de sua mãe. Isto não obstante, os efeitos da inveja ficaram evidentes na análise.

A srta. X ficou chocada ao ser confrontada com o reaparecimento desta sensação de ter sido vítima da inveja de sua mãe. Isto lembra-nos aquela passagem em "Branca de Neve" na qual o caixão da Branca de Neve é erguido para ser levado embora, é largado e o solavanco expulsa de sua garganta o pedaço de maçã envenenado. Na análise, esta sacudidela motivou a srta. X a expelir vários pensamentos e sentimentos envenenados, e isto ajudou a reavaliar seus valores interiores distorcidos e gradativamente admitir e aceitar seus verdadeiros sentimentos. O mais importante de tudo, ela havia adquirido confiança no valor de seu mundo interior e de seu si mesmo. Os "pequenos anões" ajudaram bastante na elaboração de sonhos que acompanharam e apoiaram o processo. Por exemplo, certa noite, ela sonhou que via um caixão em uma colina. Repentinamente, ouviu a voz de uma mulher de dentro do caixão. Horrorizada ao pensar nas experiências por que esta mulher deve ter passado, sentiu um ímpeto de fugir.

O sonho ofereceu a oportunidade de falar da "síndrome da Branca de Neve". O episódio do caixão no conto de fadas também assinala o surgimento do príncipe, o filho do rei, que "a ama melhor do que todo o mundo". Em muitos contos de fadas, uma heroína é resgatada por meio do amor de um príncipe. O amor é que tem um efeito redentor. Psicologicamente, poder-se-ia dizer que no decurso de um processo de autodescoberta, tornou-se possível uma atitude amorosa e afetuosa para com o próprio ser. Uma profunda experiência de amor com um parceiro real pode ter uma virtude redentora, favorecendo a própria consciência da riqueza das próprias capacidades interiores. Na análise, a experiência do cuidado empático do analista pode ajudar a despertar nova atitude para com o próprio ser, modificando a destrutiva negatividade de figuras parentais introjetadas. No entanto, nem a empatia, nem o amor podem realizar qualquer mudança a menos que haja uma disposição interior para mudar. Portanto, o amável príncipe deveria ser visto como uma figura interior que simboliza um cuidado amoroso e encorajante pelo próprio ser e a transformação de um padrão negativo de interação.

Tal transformação, no entanto, ainda estava bem longe para a srta. X. Sua crescente consciência da contínua influência do padrão de sua primeira infância permanecia uma fonte de avassaladora vergonha. Até este estádio de sua análise, ela havia vivido com a convicção ilusória de ter sido uma criança feliz, contente com sua fascinante mãe. Os aspectos humilhantes de sua infância e primeira juventude, as suposições desonestas e as mentiras deslavadas na atmosfera do lar tiveram que ser reprimidos. Eles provocavam demasiada vergonha, lançando uma luz desfavorável sobre sua situação familiar. Uma e outra vez, durante a análise, ela ergueu-se para proteger e defender sua mãe. Dizia que sua mãe, afinal, não era tão má assim e que, ademais, era a única mãe – a única família – que ela teve. Ao mesmo tempo, porém, ela sentia que ali não era seu lugar. Na realidade, sentia-se culpada no momento em que se surpreendia abrigando maus pensamentos a respeito de sua mãe ou de seu padrasto – ainda que este mesmo homem tivesse sido expulso da casa por sua mãe. Laços parentais não resolvidos muitas vezes exercem sua influência mediante a culpa. Esta proíbe a pessoa de afirmar-se e de esforçar-se para livrar-se das expectativas e sensibilidades dos pais.

Ao mesmo tempo, estas novas consciências provocavam vergonha esmagadora na srta. X. Envergonhava-se de seus antecedentes, de provir de uma família na qual mentiras, mexericos e desavenças mesquinhas eram o prato do dia. Sentia-se emporcalhada por essas realidades e enojada por pertencer a tal família. Agora, seu empenho por valores espirituais parecia-lhe nada mais do que uma tentativa de purificar-se de tanta sujeira. A srta. X, portanto, encontrava-se cada vez mais em um sério dilema de culpa decorrente da vergonha. Sempre que ela era inundada de vergonha em relação ao ambiente de sua infância, ela sentia inculpações e ódio por sua mãe, o que lhe causava profunda culpa. Sua culpa, por sua vez, impedia-lhe sentimentos de vergonha a respeito de sua família, pois tal vergonha exporia sua mãe a juízos depreciativos. Contudo, à medida que o tempo passava, a vergonha tornava-se sempre mais insuportável. Às vezes este conflito era tão avassalador que ela caía em depressões caracterizadas por pesadas dúvidas sobre si mesma.

Naturalmente, estes conflitos também apareceram na transferência. Ela duvidava que eu realmente pudesse tolerar uma pessoa tão má e degrada como ela, e queria manter-me o mais longe possível de sua sujidade. Talvez o veneno fosse tão contagioso que eu não iria querer ter nada a ver com ela. Ao mesmo tempo, porém, ela odiava-me por humilhar sua mãe – embora, na realidade, eu não houvesse feito nada disso. Claramente ela havia feito enorme progresso quando finalmente pôde falar acerca de tais ressentimentos. Deve-se apreciar o que significou para ela superar sua velha e costumeira atitude de excessiva conformidade e arriscar o retraimento de meu amor ao saber defender-se genuinamente por si mesma. Porque no geral, como resultado do medo de perder meu interesse e cuidado, ela tentou fazer o melhor de si para sobrecarregar-me o mínimo possível, sintonizar-se comigo e trazer para a análise material que seria interessante e estimulante para mim. Deste modo, conforme era de se esperar, seu padrão de interação da primeira infância manifestou-se no relacionamento terapêutico. Em parte, este padrão exprimiu-se como uma capacidade de reagir com sensibilidade e satisfazer às necessidades dos outros. De fato, ela havia desenvolvido extraordinária capacidade de empatia.

Quanto à minha contratransferência, habitualmente me sentia bastante animado em sua presença e prelibava as próximas sessões. Muitas vezes ficava surpreso com a precisão de minhas interpretações e com a profundidade das intuições que advinham do fato de estarmos juntos. Naturalmente, esta reação contratransferencial levantou certas questões. Estaria eu reagindo a uma sedução inconsciente da parte dela? Estaria ela a animar-me, evocando minha "anima", de modo que me sentiria maravilhoso em sua presença – de modo que a amasse em troca? Estaria ela segurando um espelho mágico diante de mim como fizera para sua mãe, possibilitando-me ver a mim mesmo como o mais belo – pelo menos o melhor e mais brilhante – em toda a terra? Para mim, era importante permanecer consciente desses aspectos de nossa interação. Mas era simplesmente de igual modo importante não fixar-me em suas formas de sedução, que brotavam de uma necessidade interior. Se o tivesse feito, poderia ter perdido uma importante oportunidade para um recomeço terapêutico. Efetivamente, tornei-me consciente de que nossa congruência realmente estava baseada em uma comprimento de onda comum, uma *coniunctio*, na linguagem simbólica dos alquimistas – ou, para usar as palavras de Stern, um encontro profundo na "esfera intersubjetiva". Aí se encontra uma possibilidade criativa para o processo de desenvolvimento.

Muitas vezes surpreendia-me o fato de que eu parecia um pouco inteligente demais em nossas sessões, como se eu estivesse dando aulas em demasia. Um dia, percebi que eu estava a explicar-lhe coisas que ela conhecia tão bem quanto eu. No entanto, ela admirava minha "sabedoria" mesmo assim. Isso levou-me a compreender que ela desenvolvera uma intensa transferência idealizadora em relação a mim. Esta idealização tinha duas funções diferentes em sua organização psíquica. A primeira era defensiva. Ao experimentar-me como maravilhoso e sublime, ela podia defender-se contra outros sentimentos não tão agradáveis que simultaneamente albergava em conexão com figuras paternas. Deste modo, ela tentava proteger nosso relacionamento de um excesso de ambivalência. A idealização era, ao mesmo tempo, a tentativa criativa de sua psique de agregar um príncipe amável, uma figura masculina emocionalmente confiável e receptiva tal como ela jamais experimentara antes.

Quando comecei a ensinar-lhe a respeito de conexões das quais ela devia ter consciência havia muito tempo – algo que ela habilidosamente extraiu de mim posando de menininha ingênua e curiosa –, compreendi que este jogo era altamente importante para o desenvolvimento de sua autoestima. Ela precisava ouvir-me confirmar o que já sabia, caso contrário, não poderia realmente ter posse disso. Seu autoconhecimento era constantemente ameaçado, por assim dizer, pelos feitiços mágicos e pelo pente envenenado da bruxa interior. Não lhe era permitido ter esse conhecimento porque ela não era digna dele – não era digna de compreender sua situação interior e o valor do seu ser.

Na realidade, eu ficava repetidamente tocado por seu altamente diferenciado potencial de intuição e pelos profundos esforços de sua psique rumo à individuação. Assim, era óbvio que eu acreditava em suas possibilidades e na ricas propriedades de sua alma. Ela também me chamava de seu "banco", onde ela podia depositar seus objetos de valor com segurança. Esta era uma imagem importante para ela, na medida em que ela nunca teve realmente certeza de seu valor, e perigava perdê-lo a qualquer momento. Naturalmente muitas vezes me questionei e tentei assegurar-me de que, motivado pelas ilusões de minha própria contratransferência, eu não estivesse a idealizá-la. Era importante conservar em mente esta possibilidade, pois caso o tivesse feito, teria sacado alguns objetos valiosos de sua "conta" para usá-los para meus próprios fins. Na condição de seu banco, era terminante que eu fosse o mais confiável possível, pois tudo dependia de ela ter acesso confiável ao que havia depositado ali. Conseguintemente, era importante que nosso consentimento recíproco, até mesmo nossa harmonia e unidade, permanecessem intactos e desanuviados da menor sombra de dúvida.

É claro que tal unidade paradisíaca não é possível. De fato, é importante que algumas decepções e mal-entendidos ocorram para que se lide com eles. E, com efeito, no decorrer da análise, deu-se o seguinte acontecimento. Certo dia, a srta. X telefonou-me para adiar um encontro. Era-me difícil encontrar outro horário, tendo reservado para outra pessoa, pouco antes, a última hora livre. Assim, sem pensar, comentei: "Pena que você não telefonou mais cedo". Isto foi suficiente para provocar uma crise de confiança entre nós.

Somente em retrospectiva é que tomei consciência de minha falta de empatia ao telefone. Eu devia ter sabido, compreendi mais tarde, quão difícil tinha sido para ela telefonar-me e pedir algo para si mesma. Era evidente que minha reação deu-lhe a impressão de uma repreensão, transmitindo, de uma só vez, rejeição, retraimento do amor, falta de empatia e uma ruptura de nossa mútua compreensão. Ao mesmo tempo, ela sentiu-se envergonhada por ter sido tão abalada por um incidente tão trivial. Deste modo, era essencial que nós dois tivéssemos empatia e compreensão pela criança dentro dela que se sentia não amada e rejeitada sempre que expressava a mais leve necessidade ou desejo.

Basicamente, para a srta. X, o escopo da análise era chegar a acreditar na estima e na atenção que ela obteve de mim e de outras pessoas que lhe eram próximas, nutrir-se acolhendo-as e, por fim, internalizando-as como atitude afetuosa para consigo mesma. Enquanto ela experimentasse a si mesma como apenas um lixo (como muitas vezes chamava a si mesma), a discrepância entre seu próprio senso de autoestima e a opinião dos outros a seu respeito seria grande demais. Um sonho breve pareceu indicar o início de uma transformação decisiva. Nele, ela permite que um homem a olhe intensamente nos olhos. Então ela compreende que esse olhar está a despertar-lhe e a inspirar-lhe algo.

Usualmente a vergonha impede contato visual tão intenso; afinal de contas, sentir alguém a olhar-nos profundamente nos olhos muitas vezes nos causa constrangimento. Assim, o sonho lançou certa luz sobre a situação de transferência. Talvez indicasse que ela estava começando a aceitar alguns dos modos pelos quais eu a prezava, e que parte de seu ser estava, portanto, ganhando vida. Este despertar, sem dúvida, coincidia com o início de uma mudança na imagem que ela se fazia dos homens.

Próximo do fim da análise, veio um sonho que lhe causou forte impressão. Ela vê-me, seu analista, sentado no meio de uma sala redonda, apainelada com madeira. A atmosfera é radiante e cálida. Sou sentado tranquilamente a uma escrivaninha, absorto em estudo ou meditação. Junto a mim, sobre a mesa, há um molho de chaves que permitem acesso a uma rede de salas laterais, cobertas com estantes. A biblioteca contém livros nos quais os tesouros de toda a cultura ocidental haviam sido depositados. Eu, o analista, possuo as chaves; deve-se vir a mim para pedi-las. No entanto, eu pareço oferecê-las de modo generoso.

O sonho expressa, sem dúvida, uma enorme idealização: estou sentado no centro, segurando as chaves de todo o conhecimento cultural do Ocidente – um âmbito que se encontra fora da desonra de sua família e no qual ela sempre se refugiara. Embora naturalmente lisonjeira, tal idealização pode também ser constrangedora para um analista, evocando determinados sentimentos de vergonha como defesa contra sua própria ostentação. Contudo, esta imagem onírica era tão claramente uma idealização que tinha pouco a ver com minhas reais limitações humanas que eu não estava disposto a identificar-me com ela.

Devo reiterar aqui quanto é importante para os analistas separar-se dos vários papéis e significados que assumem como figuras de transferência no mundo do cliente. No sonho da srta. X, eu era uma figura altamente simbólica, criada por sua alma com o propósito de ajudá-la a individuar-se. Às vezes, o analista deve carregar tal imagem durante largo período de tempo. Entretanto, uma imagem não é o mesmo que a pessoa real; ela funciona meramente como instrumento para a realização de aspectos mais profundos do si-mesmo. A srta. X agora estava suficientemente avançada em seu processo, de modo que podíamos interpretar o sonho no nível subjetivo; por outras palavras, podíamos discutir se a figura na biblioteca, personificada em mim, não poderia realmente retratar seu próprio acesso livre ao conhecimento. Parecia-me decisivo que as chaves do conhecimento não deveriam permanecer em minhas mãos, mas tornar-se instrumentos para seu próprio uso. Com o tempo, ela não deveria precisar de mim para dizer-lhe o que ela já sabia, o que ela era incapaz de possuir ou viver sem minha confirmação. Na verdade, a transferência bem-sucedida destas chaves se tornaria a meta da análise.

Observações conclusivas sobre psicoterapia

Espero que este esboço detalhado a partir do exercício de minha profissão elucide como as ansiedades decorrentes da vergonha estão ligadas a distúrbios na autoestima, e como atuam para prejudicar o processo de autorrealização. O tema da Branca de Neve é comum entre pessoas que padecem de tais problemas, criados quando sua autoestima e até mesmo sua percepção de seu direito de nascer estão envenenados por uma atitude de rejeição da parte da figura maternal – na realidade, às vezes também da figura paternal. Tal como Branca de Neve, pessoas que sofrem dessas mágoas não podem libertar-se do efeito envenenador de figuras interiores; prontamente se identificam com estas e acreditam em suas atitudes depreciativas. Do mesmo modo, a rainha má está inquestionavelmente correta quando rotula de vergonhosa presunção toda tentativa de se conquistar autoconfiança ou autoestima. Com frequência, a rainha má assume a forma de um implacável si-mesmo ostentoso – o mais belo da terra –, cujas irrealizáveis exigências de perfeição fazem a pessoa sentir-se perpetuamente pequena e indigna.

A psicoterapia deve ambicionar um reexame suficientemente bem-sucedido deste sistema de valores distorcido. Dado que esta autoavaliação desvirtuada provém de padrões de interação estabelecidos no começo da vida, a distorção geralmente está ancorada profundamente na personalidade. Este é o motivo por que o processo analítico pode sofrer repetidos reveses em tais casos. Uma e outra vez, os mais ínfimos estímulos podem levar o analisando a render-se ao poder dos complexos negativos, com seus antigos e costumeiros padrões de interação. A estabilidade empática do analista é um elemento vital neste processo, pois impede que o cliente se sinta esquecido em meio a esses altos e baixos. Ademais, o que mais o analisando teme é a rejeição, ainda que pareça estar constantemente provocando-a da parte do terapeuta. O que o analista precisa, acima de tudo, neste prolongado processo, é uma atitude terapêutica a que C.G. Jung se referiu tão amiudadamente, invocando as famosas palavras de um alquimista. Embora possa ter-se tornado um chavão a essa altura, este dito alquímico ainda é válido para nós, pois nos lembra que, afinal de contas, o trabalho só pode ser bem-sucedido *deo concedente* – "com o auxílio de Deus".

Apêndice
Conceitos do eu e do si-mesmo: uma comparação

Resta saber se é possível trabalhar as hipóteses de Daniel Stern dentro de modelos existentes de psique. Pode-se até mesmo indagar se isto é necessário. Não é possível deixar que cada teoria exista independentemente da outra – apesar da eterna necessidade humana de integração? Neste livro, embora eu não me tenha dedicado a uma comparação dos vários aspectos do si-mesmo, não desejo finalizá-lo sem fazer alguma tentativa de relacionar aquelas descobertas da pesquisa com crianças que me parecem importantes com as opiniões psicanalíticas mais conhecidas – especialmente as junguianas.

Grande parte da obra de Stern ainda não foi realmente considerada em todos os aspectos, particularmente a questão de como o domínio verbal do senso do si-mesmo do bebê se relaciona com a "experiência global perdida" do senso do si-mesmo pré-verbal ou não verbal. Qual é o alcance desta experiência global? Como Stern pode estar seguro de que, antes da fase verbal (de quinze a dezoito meses de idade), a comunicação do bebê com sua mãe, que parece tão real e adaptativa, não está entretecida com fantasias? Ainda somos bastante ignorantes acerca do que acontece na psique do bebê pré-verbal. E, para ser justo, Stern não alega sabê-lo, embora suas hipóteses estejam baseadas em estudos maravilhosamente refinados sobre o comportamento do bebê. Assim, é com alguma justificativa que ele fala da diferença entre o bebê "observado" e o "clínico", chamando nossa atenção para a relação incômoda entre a abordagem experimental da pesquisa com crianças e os métodos clínicos, psicanalíticos que tentam reconstruir a primeira infância a partir das memórias e transferências de analisandos. Stern deseja estabelecer entre estas duas disciplinas um diálogo que será fecundo para ambas. E ele está em uma boa posição para fazê-lo, tendo-se dedicado não apenas à pesquisa em psicologia do desenvolvimento, mas também à prática da psicanálise.

Como devemos imaginar esta inteireza pré--verbal da experiência sobre a qual Stern escreve? A criança na fase do senso verbal do si-mesmo consterna-se com a inteireza da experiência perdida para sempre. Margaret Mahler descreveu esta inteireza pré-verbal como uma fase na qual o bebê, vivendo em uma ilusão de unidade simbiótica com sua mãe, sente-se onipotente (Mahler *et al.*, 1975,

p. 43ss.). Assim como Stern, Mahler observou um "comedimento" da criança (a assim chamada "crise de reaproximação"), que ela acreditava resultante de quando a criança se havia separado suficientemente da mãe e da simbiose original para compreender que não é onipotente, mas pequena e dependente. Enquanto Stern fala de "experiência global", Mahler fala de sentimentos de "onipotência ilimitada". Isto suscita diversas questões, possivelmente irrespondíveis: de que modo esta inteireza-de-experiência assemelha-se ao "si-mesmo" primário de Fordham ou à hipótese de Jung do si-mesmo como símbolo de inteireza? Esta inteireza-de-experiência é resultado somente de interações reais com a mãe, ou também brota da experiência de um mundo interior inconsciente que a criança só começa a perceber na fase verbal? "Estar na inteireza" não é também uma experiência de onipotência ilimitada? Os bebês têm um senso inato do si-mesmo que já experimenta a inteireza ou a onipotência? Um bebê poderia ter um prenúncio de tal experiência sem conhecê-la? Suspeito que poderia, mas somente depois do início da fase verbal e do nascimento da consciência reflexiva é que ele realmente associa experiências inconscientes anteriores às ideias ou representações internas. O "paraíso" da inteireza ou a realidade unitária (Neumann) só se torna consciente depois que foi perdido. Mesmo assim, a fase de onipotência, postulada por Mahler e muitos psicanalistas, parece significativa na medida em que está relacionada a sintomas psicológicos que, em adultos, sugerem um si-mesmo ostentoso.

Além disso, gostaria de considerar a diferença entre a visão psicanalítica segundo a qual o bebê vive em uma união simbiótica com sua mãe, e a opinião de Stern, que enfatiza a dependência do bebê de um "outro autorregulador". A diferença é realmente tão fundamental, pergunto-me, ou é simplesmente uma questão de em que ponto o observador coloca a ênfase? Stern descarta a noção de uma simbiose primária, acreditando, de preferência, que o bebê entra na vida com um senso subjetivo do si-mesmo, ou seja, o sentimento de que "estou em meu próprio corpo, separado". Fordham partilha esta perspectiva (1976, 11ss.). A influência e a presença de outra pessoa (a mãe), porém, realmente provoca mudanças neste senso do si-mesmo. Mas o que é simbiose? Parece-me que essa experiência subjetiva ocorre até mesmo em estados de simbiose: sinto como se mãe e eu fôssemos um só coração e uma só alma. Em minha opinião, um "eu" subjetivo está presente se bem que apenas em forma rudimentar, mesmo em experiências de simbiose – de fato, em todos os tempos, à exceção, talvez, de determinados estados esquizofrênicos ou despersonalizados. Naturalmente, há estados de fusão e de confusão com outros relevantes. Jung chamou-

-os de "identidade inconsciente" ou "participação mística" (OC 6, §§ 821 e 856), e Melanie Klein propôs a expressão "identificação projetiva" para eles (Segal, 1964). No entanto, isto não invalida a experiência subjetiva de que "sou eu" quem experiencia o outro como parte de mim mesmo, ou experiencio a mim mesmo como parte do outro. Um senso subjacente do si-mesmo permanece intacto mesmo que a influência mútua tenha tornado bastante permeáveis as fronteiras entre nós.

E, mesmo assim, concordo em que a qualidade da experiência subjetiva pode variar enormemente, a depender de se me encontro imaginativamente em harmonia com um outro mais poderoso, ou apenas dependendo de outros devido a suas funções autorreguladoras. Parece-me provável que os bebês oscilem entre estes dois tipos de experiência. Entretanto, em ambos os casos, a experiência é fortemente afetada pelo grau a que pais e filho conseguem sintonizar-se um com o outro e desenvolver entre si uma adaptação relativamente boa. Por enquanto, resta aberta a questão de saber se estes dois tipos de experiência – "Sou dependente de outro autorregulador" e "como parte de um outro poderoso, eu mesmo sou poderoso" – acontecem em sucessão de desenvolvimento ou mais ou menos simultaneamente. Em todo caso, correspondem a dois estados emocionais básicos que também podem aparecer mais tarde, na vida adulta.

Por exemplo, considere-se o fenômeno analítico pelo qual, durante períodos prolongados, os analisandos veem-se como fortes e relativamente invulneráveis porque se sentem fundidos com o analista e levados pela sabedoria da psicologia junguiana (ou freudiana ou existencial). Em outros momentos, esta mesma dependência emocional em relação a seus analistas para o equilíbrio psíquico parece-lhes um confisco do próprio valor: "Não posso sequer lidar com minha própria vida: que vergonha!"

Naturalmente, as opiniões de C.G. Jung são de importância particular em qualquer comparação de conceitos do eu e do si-mesmo. Antes de continuar com meu próprio comentário, gostaria de lembrar ao meu leitor a distinção de Jung entre o eu e o si mesmo:

> Entendo o "eu" como um complexo de representações que constitui para mim o centro de meu campo de consciência e que me parece ter grande continuidade e identidade consigo mesmo. Por isso, falo também de *complexo do eu*. O complexo do eu é tanto um conteúdo quanto uma condição da *consciência*, pois um elemento psíquico me é consciente enquanto estiver relacionado com o complexo do eu. Enquanto o eu for apenas o centro do meu campo consciente, não é idêntico ao todo de minha psique, mas apenas um complexo entre outros complexos. Por isso, distingo entre eu e si-mesmo. O eu é o sujeito apenas de minha consciência, mas o si-mesmo é o su-

> jeito do meu todo, também da psique inconsciente. Neste sentido o si-mesmo seria uma grandeza (ideal) que encerraria dentro dele o eu (OC 6, § 796).

Em primeiro lugar, consideremos o eu, em relação ao qual a hipótese de Jung é de interesse particular – nomeadamente, que o complexo do eu é tanto um conteúdo da consciência quanto uma pré-condição da consciência. O eu é, portanto, a condição necessária para algo tornar-se consciente: "um elemento psíquico me é consciente enquanto estiver relacionado com o complexo do eu" (OC 6, § 796). Ao mesmo tempo, porém, o complexo do eu é um conteúdo da consciência. Isto implica que posso fazer de mim mesmo um conteúdo e, portanto, um objeto de minha consciência autorreflexiva. A definição de Jung tem dois lados, correspondendo aproximadamente a um modo de percepção subjetivo e objetivo. Cada um destes precisa ser distinto do outro. Subjetivamente, experimento-me como o centro contínuo da vontade, da ação, da intenção conscientes, e como o receptor de impressões. Estas intenções normalmente são direcionadas a outras pessoas e coisas do mundo exterior, isto é, a objetos. Recebo impressões também de objetos, mas posso também objetivar-me de tal sorte que me torno um conteúdo de minha própria consciência – o que, na maioria dos casos, chamaríamos de "autoimagem" ou "autorrepresentação".

Parece-me que só podemos falar de consciência em sentido junguiano enquanto ligada ao complexo do eu, uma vez que o estádio do senso verbal do si-mesmo foi alcançado, capacitando a pessoa a fazer-se objeto da própria observação e julgamento. Neste caso, o que denotamos por consciência é a capacidade de reflexão baseada nos opostos de sujeito e objeto, bem e mal, masculino e feminino etc. Sem o conhecimento dos opostos, não seria possível a diferenciação consciente com suas comparações e contrastes.

Isto nos traz de volta ao mito do Paraíso, no qual o evento original da vergonha é o resultado de uma consciência dos opostos. O crescimento da consciência significa "perda do Paraíso". Em outras palavras, a vergonha, em sentido pleno, primeiramente aparece juntamente com o senso verbal do si-mesmo. Somente então se pode ver a própria pessoa "de fora", ou o senso do si-mesmo subjetivo pode referir-se à imagem que se traz de si mesmo. Ora, nas palavras de Jung, somente então a autoimagem constitui um conteúdo do complexo do eu. Conforme mencionado anteriormente, as crianças que apenas estão começando a falar, referem-se a si mesmas na terceira pessoa, da mesma forma que seus outros relevantes falam delas: "Jackie", ou "Tony" é gentil, mau, está cansado etc. É como se estivessem olhando para si mesmas de fora, vendo e julgando a si mesmas com os olhos dos outros relevantes. Esta capacidade está enraizada em experiências pré-verbais do "si-mesmo com os outros", resquícios da memória de padrões interacionais anteriores que agora se tornaram parcialmente acessíveis à expressão verbal e ao tipo de consciência cujo centro Jung chamou de eu. Contudo, leva algum tempo para que esta representação verbalizada da própria pessoa se funda com o senso subjetivo do si-mesmo e se torne integrada como um sentimento de identidade.

O que significa que o eu é uma pré-condição da consciência? Certamente o eu jamais poderia preencher esta condição sem possuir "grande continuidade e identidade" (OC 6, § 796). Claro que continuidade e identidade temporais são categorias existenciais que só podem ser vividas, não importa quanta contemplação e pensamento filosófico tenham inspirado. Elas também são sentimentos básicos, enraizados no que Stern chama de "a esfera do si-mesmo nucleal" – algo que, embora não de modo exclusivo, é largamente equivalente ao si-mesmo corporal.

"O eu", escreveu Jung, "que na suposição e na ficção geral é tido como o que há de mais conhecido, na realidade é um estado de coisas extremamente complicado e cheio de obscuridades imperscrutáveis" (OC 14/1, § 129). A base da consciência centrada-no-eu – a raiz da consciência, por assim dizer – chega até o inconsciente. Seu núcleo é uma energia ativa que harmoniza e organiza os processos do autodesenvolvimento. Jung chamou este centro hipotético de "o si mesmo"[10] e ressaltou que se deveria fazer todo esforço para conservar um relacionamento entre o eu e o si mesmo. O si mesmo é a própria fonte de nossas energias criativas; poder-se-ia até mesmo dizer que ele cria o ser humano e direciona o desenvolvimento da consciência. Está outrossim envolvido na organização dos vários "domínios do senso do si-mesmo", conforme descritos por Stern, um processo que conduz, finalmente, a uma autoconsciência madura.

Três teses propostas por Stern me parecem de importância particular para estes princípios junguianos básicos:

1. O domínio do si-mesmo emergente na primeira fase da infância é a experiência fundacional para todas as possibilidades humanas criativas.

2. Stern escreveu a respeito do *self* nucleal: "De algum modo [!], o bebê registra a experiência objetiva com os outros autorreguladores como experiência subjetiva" (Stern, 1985, p. 104). Que princípio de organização torna possível que tal processo central "aconteça" de algum modo?

---

10. A psicanálise moderna propôs a noção de um "eu superordenado", uma noção parcialmente congruente com a ideia junguiana do "si-mesmo". O eu superordenado "sempre se esforça pela preservação do organismo mediante a resolução de conflitos e favorecendo contínuos processos de desenvolvimento" (Blanck & Blanck, 1986, p. 34-35).

3. Para Stern, a emergência do "domínio do si-mesmo nuclear" coincide com o sentimento de uma perda de inteireza. Este desenvolvimento evoca o nascimento do eu, conforme Jung o definiu – como o centro de uma consciência que se tornou capaz de reflexão. A partir daí, o conhecimento dos opostos e da própria distinguibilidade pessoal cresce acima e contra o inconsciente.

Erich Neumann distinguiu entre duas formas de consciência. Em sua opinião, a consciência reflexiva do domínio verbal corresponde ao princípio "solar" ou "patriarcal". Assim como a luz do sol capacita-nos a discernir os contornos das coisas, os limites entre áreas iluminadas e sombreadas, a consciência solar esforça-se por definições claras e conexões lógicas. Isto corresponde à consciência "patriarcal", cujo centro simbólico é a cabeça (Neumann, 1990, p. 218).

Do outro lado, está a consciência "lunar" ou "matriarcal". Tal como a lua, com seu brilho argênteo, esta consciência não delineia os contornos de cada objeto, mas envolve todas as coisas em sua atmosfera abrangente. Por esta razão, a lua tornou-se uma imagem central da poesia lírica, de Goethe, a Claudius e a Li-tai-pe. A consciência lunar é a que está aberta a sentimentos e intuições que não se prestam facilmente a formas verbais definidas. A consciência matriarcal é simbolizada pelo coração.

A consciência matriarcal experimenta o processo obscuro e misterioso da compreensão crescente como algo em que o si-mesmo funciona como uma totalidade (Neumann, 1990, p. 224).

Ainda que a psicologia de Neumann dos "estádios arquetípicos do desenvolvimento" enfatize mais a contenção passiva na primeiríssima fase do bebê (uma ênfase que o situa bastante em concordância com Mahler), parece-me que sua descrição da consciência "lunar-matriarcal" corresponde fortemente à descrição de Stern do senso pré-verbal do si-mesmo e de suas experiências de parentesco (Neumann, 1988, p. 11). A teoria segundo a qual o crescimento da consciência é um processo psíquico "guiado" pelo si mesmo não contradiz necessariamente a observação de que os vários estádios do desenvolvimento se desdobram por meio de interações com um parceiro nas quais o si-mesmo do bebê desempenha um papel ativo. Michael Fordham, outro proponente da visão junguiana, também leva isso em conta em sua teoria do "si-mesmo primário", que se des-integra e se re-integra em harmonia com a mãe (Fordham, 1969; Jacoby, 1990).

Em resumo: devemos distinguir entre a ideia psicanalítica do si-mesmo, que é, em grande parte, equivalente à autorrepresentação, ou à autoimagem, e o si mesmo junguiano. Em termos junguianos, esta autorrepresentação ou autoimagem seria comparável a um conteúdo do complexo do eu. No entanto, devemos sublinhar que a autoimagem é apenas parcialmente objeto da reflexão consciente; fatores inconscientes influenciam também. Teoricamente, porém, é possível trazer grandes porções da autoimagem de alguém para a percepção consciente; sem dúvida, este é frequentemente o escopo de uma análise terapêutica.

Ao chamar o complexo do eu de pré-condição da consciência, Jung presenteou-nos com um enigma insolúvel. Em que consiste, afinal, esta pré-condição, e em que se baseia? Com o auxílio da ciência, conseguimos intuição cada vez mais refinadas sobre as leis da natureza e os mistérios do cérebro humano. A moderna pesquisa com crianças, em particular, deu contribuições significativas para este conhecimento, do qual me servi bastante para escrever este livro. No entanto, uma compreensão da essência da natureza e da vida em suas manifestações físicas, psicológicas e intelectuais continua a escapar ao nosso alcance. Tampouco já identificamos a origem central da informação que guia o crescimento psíquico e os processos de tornar-se consciente. Ainda estamos forcejando para compreender, afinal, em que consiste a condição da consciência. Contudo, mal podemos evitar pressupor algum agente central no inconsciente que estrutura e organiza nossas psiques.

O si mesmo a respeito do qual Jung escreve é, portanto, um agente central hipotético que torna possível o desenvolvimento da consciência e governa toda a personalidade. O eu, por outro lado, é apenas uma parte da personalidade total, que consiste tanto na consciência quanto no inconsciente. Contudo, ele é a pré-condição, a *conditio sine qua non* para que sejamos capazes de experimentar o mundo e ver-nos a nós mesmos.

Fundamentalmente imperceptível, o si mesmo pode manifestar-se em infinito número de símbolos – a miúdo em matiz numinoso – que surgem do inconsciente. De acordo com Jung, o símbolo é "a melhor formulação possível, de algo relativamente desconhecido, não podendo, por isso mesmo, ser mais clara ou característica" (OC 6, § 904). O surgimento do si-mesmo na forma de um símbolo é um mensageiro de energias desconhecidas, e pode, assim, sugerir e convidar a uma abertura para a dimensão religiosa.

Estas ideias complexas poderiam tornar-se mais lúcidas se eu recorresse à terminologia religiosa. Ou seja, Deus criou cada criança tal como é, legando-lhe suas predisposições e potencialidades inerentes (ou genéticas). Deus, então, continua a guiar o desenvolvimento da criança – ou, se preferir, seu destino dado por Deus. Assim, o desenvolvimento/destino da criança é uma manifestação do poder de Deus; uma Autoridade Superior ordena a vida biopsíquica de cada criança.

Ao mesmo tempo, Deus é um conceito que só pode ser expresso simbolicamente, visto que a Divindade Mesma – presumindo-se que Ela exista – jamais pode ser percebida em Sua verdadeira forma. Conseguintemente, os indivíduos experimentam a ação de Deus existencialmente quando percebem forças dentro de si mesmos e limitações impostas sobre as quais não têm nenhum controle, mas que, nada obstante, desempenham papel terminante na modelação de seu destino. Simultaneamente, algum conceito ou imagem do Divino se imprime espontaneamente em suas psiques. Destarte, poderíamos dizer que uma misteriosa centelha divina está agindo dentro de nós, levando-nos a gerar ideias e imagens a respeito de Deus e das obras de Deus que são necessariamente de natureza simbólica.

É quanto basta para minha tentativa de colocar os vários aspectos e concepções do si-mesmo em uma possível conexão.

Referências

Asper, K. (1993). *The abandoned child within: Losing and regaining self-worth*. Fromm International.

Bächtold-Stäubli, H. (1927). *Handwörterbuch des Deutschen Aberglaubens*. De Gruyter.

Beebe, J. (1992). *Integrity in depth*. Texas A&M University Press.

Blanck, R., & Blanck, G. (1986). *Beyond ego psychology*. Columbia Press.

Blaser, P., & Poeldinger, W. (1967). Angst als geistesgeschichtliches Phänomen und naturwissenschaftliches Problem. Em P. Kielholz (Org.), *Angst* (p. 11-36). Huber.

Blomeyer, R. (1974). Aspekte der Persona. *Analytische Psychologie 5*(1), 17-29.

Duerr, H.P. (1988). *Nacktheit und Scham* (3. ed.). Suhrkamp.

Eibl-Eibesfeldt, I. (1973). *Der vorprogrammierte Mensch*. Molden.

Erikson, E.H. (1950). *Childhood and society*. Norton.

Fordham, M. (1957). Notes on the transference. Em *Technique in Jungian analysis* (p. 111–151). Heinemann.

Fordham, M. (1969). *Children as individuals*. Hodder & Stoughton.

Fordham, M. (1976). *The Self and autism*. Heinemann.

Fordham, M. (1986). *Exploration into the Self*. Karnac.

Freud, A. (1965). *Normality and pathology in childhood: Assessments of development*. International Universities Press.

Freud, S. (1923). *The Ego and the Id*. Hogarth.

Goethe, J.W. von (1873). *Rameau's Neffe, ein Dialog von Diderot*. Grote'sche Verlagsbuchhandlung [GW 26].

Gordon, R. (1985). Big Self and little Self: Some reflections. *Journal of Analytical Psychology, 30*(3), 261-271.

Gordon, R. (1987). Masochism: The shadow side of the archetypal need to venerate and worship. *Journal of Analytical Psychology, 32*(3), 227-240.

Grimm, J., & Grimm, W. (1960) *Deutsches Wörterbuch*. Deutscher Taschenbuchverlag.

Grimm, R. (1972). Die Paradiesesehe, eine erotische Utopie des Mittelalters. Em *Festschrift für W. Mohr*. Göppingen [Göppinger Arbeiten zur Germanistik, 65].

Hartmann, H. (1964). *Essays on ego-psychology*. International Universities Press.

Hultberg, P. (1988). Shame: A hidden emotion. *Journal of Analytical Psychology, 33*(2), 109-126.

Illies, J. (1971). *Zoologie des Menschen: Entwurf einer Anthropologie*. Piper.

Izard, C.E. (1977). *Human emotions.* Plenum.

Jacobi, J. (1959). *Complex/archetype/symbol in the psychology of C.G. Jung*. Pantheon.

Jacobi, J. (1971). *Die Seelenmaske*. Walter.

Jacobson, E. (1964) *The Self and the object world*. International Universities Press.

Jacoby, M. (1984). *The analytic encounter: Transference and human relationship*. Inner City.

Jacoby, M. (1985). *The longing for Paradise*. Sigo.

Jacoby, M. (1990). *Individuation and narcissism: The psychology of the Self in Jung and Kohut*. Routledge.

Jacoby, M., Kast, V., & Riedel, I. (1992). *Witches, ogres, and the devil's daughter.* Shambhala.

Jung, C.G. (2012). *Tipos psicológicos.* Vozes [OC 6].

Jung, C.G. (2012). *Dois escritos sobre psicologia analítica – O eu e o inconsciente.* Vozes [OC 7/2].

Jung, C.G. (2012). *A prática da psicoterapia.* Vozes [OC 16/1].

Jung, C.G. (2012). *Ab-reação, análise dos sonhos e transferência.* Vozes [OC 16/2].

Jung, C.G. (2012). *A vida simbólica.* Vozes [OC 18/1].

Jung, C.G. (2012). *Os arquétipos e o inconsciente coletivo.* Vozes [OC 9/1].

Jung, C.G. (2012). *Aion* – Estudo sobre o simbolismo do si-mesmo. Vozes [OC 9/2].

Jung, C.G. (2012). *Mysterium Coniunctionis.* Vozes [OC 14/1].

Jung, C.G., & Jaffé, A. (1963). *Memories, dreams, reflections.* Routledge & Kegan Paul.

Kast, V. (1980). *Das Assoziationsexperiment in der therapeutischen Praxis.* Bonz.

Kast, V. (1992). *The dynamics of symbols.* Fromm International.

Kaufman, G. (1989). *The psychology of shame.* Springer.

Kernberg, O.F. (1975). *Borderline conditions and pathological narcissism.* Aronson.

Kielholz, P. (1967). *Angst: Psychische und somatische Aspekte.* Huber.

Der Kleine Pauly (1979). *Lexikon der Antike.* Deutscher Taschenbuchverlag.

Köhler, L. (1988, nov.). *Neuere Forschungsergebnisse auf dem Gebiet der Kleinkindforschung* [seminário realizado em Zurique].

Kohut, H. (1971a). *The analysis of the Self*. International Universities Press.

Kohut, H. (1980). Thoughts on narcissism and narcissistic rage. Em P. H. Ornstein (Org.), *Selected writings of Heinz Kohut* (Vol. 2). International Universities Press.

Kohut, H. (1977). *The restoration of the Self*. International Universities Press.

Krafft-Ebing, R. (1892). Bemerkungen über "geschlechtliche Hörigkeit" und Masochismus. *Jahrbücher für Psychiatrie, 10*, 199-211.

Lewis, H.B. (1971). *Shame and guilt in neuroses*. International Universities Press.

Lewis, H.B. (1987a). Shame and the narcissistic personality. Em Nathanson, D.L. (org.), *The Many Faces of Shame* (p. 93-132). Guilford.

Lewis, H.B. (org.) (1987b). *The role of shame in symptom formation*. Lawrence Erlbaum.

Lynd, H.M. (1961). *On shame and the search for identity*. Science Editions.

Mahler, M.S., Pine, F., & Bergman, A. (1975). *The psychological birth of the human infant*. Basic Books.

Mattern-Ames, E. (1987). *Notes on early damage and regression*. C.G. Jung Institute.

Miller, S. (1985). *The shame experience*. Lawrence Erlbaum.

Moser, T. (1984). *Kompass der Seele*. Suhrkamp.

Nathanson, D.L. (1987a). A timetable for shame. Em D.L. Nathanson (org.), *The many faces of shame* (pp. 1-63). Guilford.

Nathanson, D.L. (org.) (1987b). *The many faces of shame*. Guilford.

Neumann, E. (1990). On the moon and matriarchal consciousness. Em P. Berry, (ed.), *Fathers and mothers* (pp. 210-230). Spring.

Neumann, E. (1955). *The great mother*. Routledge & Kegan Paul.

Neumann, E. (1962). *Origins and history of consciousness*. Routledge & Kegan Paul.

Neumann, E. (1988). *The Child*. Karnac.

Parin, P., Morgenthaler, F., & Parin-Matthey, G. (1971). *Fürchte deinen Nächsten wie dich selbst*. Suhrkamp.

Portmann, A. (1958). *Zoologie und das neue Bild des Menschen*. Rowholt.

Qualls-Corbett, N. (1988). *The sacred prostitute*. Inner City.

Redfearn, J.W.T. (1985). *My Self, my many selves*. Academic Press.

Rohde-Dachser, C. (1989). Abschied von der Schuld der Mütter. *Praxis der Psychotherapie und Psychosomatik, 34*(5), 250-260.

Rousseau, J.-J. (1926). *Rousseau's Emile or Treatise on education*. Appleton.

Rousseau, J.-J. (1954). *The Confessions of Jean-Jacques Rousseau*. Penguin Books.

Samuels, A. (1989). Analysis and pluralism: The politics of psyche. *Journal of Analytical Psychology, 34*(1), 33-51.

Sander, L.W. (1983). To begin with – Reflections on ontogeny. Em J. Lichtenberg, & S. Kaplan (orgs.), *Reflections on Self Psychology* (pp. 85-104). Analytic Press.

Schmidbauer, W. (1977). *Die hilflosen Helfer*. Rowohlt.

Schneider, K. (1959). *Klinische Psychopathologie*. Thieme.

Segal, H. (1964). *Introduction to the work of Melanie Klein*. Hogarth.

Sidoli, M. (1988). Shame and the Shadow. *Journal of Analytical Psychology, 33*(2), 127-142.

Spiegelman, J.M. (1989). The one and the many: Jung and the post-Jungians. *Journal of Analytical Psychology, 34*(1), 53-71.

Spitz, R.A. (1965). *The first year of life*. International Universities Press.

Stern, D.N. (1985). *The interpersonal world of the infant*. Basic Books.

Tobel, R. von (1945). *Pablo Casals*. Rotapfel.

Tomkins, S.S. (1963). *Affect, imagery, consciousness* (Vol. 2: The negative affects). Springer.

Tomkins, S.S. (1987). Shame. Em D.L. Nathanson (org.), *The many faces of shame* (pp. 133-161). Guilford.

Webster's Third New International Dictionary of the English Language (1990). Merriam.

Wharton, B. (1990). The Hidden Face of Shame: The Shadow, Shame and Separation. *Journal of Analytical Psychology*, *35*(3), 279-299.

Wickler, W. (1973). Die ethologische Deutung einiger Wächterfiguren auf Bali. Em I. Eibl Eibesfeld (org.), *Der vorprogrammierte Mensch* (pp. 248-256). Molden.

Winnicott, D.W. (1990). *The maturational processes and the facilitating environment*. Karnac.

Wirtz, U. (1989). *Seelenmord*. Kreuz.

Wurmser, L. (1981). *The mask of shame*. Johns Hopkins University Press.

Wurmser, L. (1988). Gedanken zur Psychopathologie von Scham und Ressentiment. *Analytische Psychologie*, *19*(4), 283-306.

Zimmer, H. (1938). *Weisheit Indiens*. Wittich.

Índice remissivo

A *persona* da folha de figueira 144-155

Adler, Alfred 168

Agostinho 61

Aidoia, definido 47

Análise da resistência 222

Ansiedade decorrente da vergonha
  nudez corporal 42-56, 69
  complexo de inferioridade e 160, 174
  conexão da autoestima com 74-75, 95
  culpa *versus* vergonha 23-32
  introdução 31-38
  impacto da vergonha 35-43
  inibição como 144
  vulnerabilidade narcisista 134
  processo de individuação 259
  relações sexuais 215-217, 223-225
  reações ao desejo decorrente da vergonha 174-180
  relacionamento terapêutico 201-204, 251

Ansiedade
  por causa de uma prova 33
  provocada pelo estranho 130

Aristóteles (filósofo grego) 32, 70, 262

Árvore do Conhecimento 42, 58-59

As Confissões de Jean-Jacques Rousseau (Rousseau) 189

Austen, Jane 25

Autocontrole 140, 170-173

Autodepreciação 96

Autoestima
  o eu e o si-mesmo ostentoso 116-120
  padrões humanos de interação 92-93
  padrões interacionais 238-258
  vergonha e 72
  estímulo para a ambição 119
  espelhamento e formação de ideais 108-110
  si-mesmo ostentoso 112-118
  dignidade humana 74-79
  psicogênese da 95-108
  si-mesmo, conceito 80-86
  senso do si-mesmo, estádios 83-93

Autonomia, perda de 181-185

Autoridade valorizadora/ desvalorizadora 162

Autorrepresentação 80, 131
Autovigilância 170-171

Brilho nos olhos da mãe
108-109

Casa psíquica 149
Casals, Pablo 172
Código moral 124-125
Complexo da mãe 98
Complexo de inferioridade
160-174
Compreensão, a palavra
(*Verständnis*) 254
Conceito do falso si-mesmo
155-156
Conceito do verdadeiro si-
mesmo 155-156
Confiança acrítica 73
Confusão de papel 154
Conhecendo sentimentos
melhores 122
Conhecimento psicológico
(*Verstand*) 254
Consciência: consciência
centrada no eu 293-299
consciência lunar 295-296
consciência matriarcal 295
crescimento da 65
funções junguianas da
165-166
Contratransferência 275
Culpa *versus* vergonha 23-30
Cultura judaico-cristã 53
Cultura nudista 55-56

Dédoublement
[desdobramento] 172

Déformation professionnelle
[deformação profissional]
do psicoterapeuta 104
Depressão narcisista 123
Desenvolvimento da *persona*
145-149, 152-159
Desgosto parental 101
Dignidade humana e
autoestima 74-79
Dignidade pessoal 76

Erikson, Erik 137-142
Espelhamento e formação de
ideais 108-110
Estímulo para a ambição
119-120
Eu "inchado" (*aufgeblasen*)
ego 118
Eu ideal *cf.* ideal do eu
Eu
confrontação do
inconsciente 182
eu "inchado" (*aufgeblasen*)
118
humildade e 65
o si mesmo e 285-299
si-mesmo ostentoso e
116-121
Eu-sintônico 185
Experiências da vergonha
complexo de inferioridade
160-174
masoquismo 188-196
reações de constrangimento
174-180
reações de desejo decorrente
da vergonha 174-180
humilhação 180-187
Experiências traumáticas da
vergonha 36-43

Fase da intersubjetividade pré-verbal 102
Freud, Sigmund 31, 214
Fundamentalismo 183

Gnosticismo 61
Guerra dos Seis Dias 27

História da criação judaica 59
Humildade e eu 65
Humilhação 180-187

Ideal do eu 28, 108, 150
Identidade inconsciente 289
Illies, J. 43-45
Iluminismo Salomônico 58
Impulsos exibicionistas 142
Inconsideração sem empatia 140
Integridade pessoal 125

Jacobi, Jolande 145, 150-153
Jung, C.G.
Eu: confrontação do inconsciente 182
introdução 44
pesquisa com crianças 285-299
psicologia analítica de 163

Keats, John 41
Kernberg, Otto F. 112-114
Klein, Melanie 289

Liberdade, perda da 182-185
Linguagem corporal 148
Livre-arbítrio 185

Mahler, Margaret 286-287
Máscara da alma ou *persona* 144-154
Masoquismo 188-196
Medo da vergonha 33-37
Mutualidade no relacionamento terapêutico 212-213

Narcisismo patológico 114
Narrativa bíblica do Paraíso 57-66
Necessidades "narcisistas-exibicionistas" 143
Neoplatonismo 61
Neumann, Erich 106-107, 122, 242, 295-296
Nudez
nudez militar 51-52
cultura nudista 55-56
nudez de manifestante 52-53
nudez ritual 49
vergonha da 42-56, 70, 175-180
folha de figueira/máscara da alma ou *persona* 144-154
em sonhos 45-46, 51

Ocidente cristão 184
Ostentação narcisista 168
Outro autorregulador 86

Padrões
de interação 251
humanos de interação 92-95
Paraíso da inteireza 287
Persona 147, 152-159
autoestima e 114
o si-mesmo 255, 263-264

relacionamento terapêutico
207-212, 244-245
tipologia de atitudes 165
Portmann, Adolf 60
Prazer autônomo e escape
(*Selbstbefriedigung*) 221
Preocupações de confiança 72
Processo
de emancipação 125
de frustração ideal 99, 143
psicoterapêutico 135
Psicogênese da autoestima
95-108
Psicogênese da vergonha
desenvolvimento da *persona*
153-155
emoção inata da 126-131
folha de figueira/máscara da
alma ou *persona* 144-155
introdução 124-125
senso do si-mesmo 131-144
teoria psicanalítica da
vergonha 137-144

Raiva
e humilhação 194
narcisista 195-196
Reações de constrangimento
173-180
Realidade unitária 287
Relacionamento terapêutico
observações conclusivas
281-283
processo de individuação
256-266
sexualidade e 213
Síndrome da Branca de
Neve 265-282
solteirice e solidão 228-237
vergonha como reação ao
197-214

Relações homossexuais 227
Representações de interações
que foram generalizadas
(RIGs) 92
Revolução Francesa 190
Rohde-Dachser, Christa 105

Schneider, Kurt 32
Selbswertgefühl, definido 75
Sensação da função "inferior"
167
Senso do si-mesmo 82-91,
131-139
Sentimentos de onipotência
122
Sexualidade
e relacionamento
terapêutico 213-230
extramarital 227
Si-mesmo 254-256, 261-266
e o eu 285-299
conceito 80-86
emergente 85-86, 134
nucleal 86
objetivo 88, 132
Síndrome da Branca de
Neve 265-282
subjetivo 132-133
Si-mesmo ostentoso
autoestima e 111-118
como exigência impossível
120
como estímulo para a
ambição 119-120
eu e 117-121
Sobreviventes dos campos de
concentração 180
Socialização de uma criança
144
Solteirice e solidão 228-237
Stern, Daniel 83-93, 285-287

Teoria psicanalítica da
vergonha 137-144
Traços de memória de
padrões interacionais 293

Vergonha
como reação ao
relacionamento terapêutico
197-214
criminosa 25
da família 25
da nudez corporal 42-56, 69
experiências traumáticas da
37-43
física 25
função básica da 66-73
masturbatória 219-222
medo da 33-37

na narrativa bíblica do
Paraíso 57-66
psicogênese da 129-139
teoria psicanalítica da
137-144
vergonha racial 25
vergonha sexual 28-29
cf. tb. Experiências de
vergonha; Psicogênese da
vergonha
Virtudes cristãs 137
Vulnerabilidade narcisista 134

Winnicott, Donald 97, 153-159

Zimmer, Heinrich 58
Zoology of the Human (Illies) 42

Conecte-se conosco:

f facebook.com/editoravozes

◉ @editoravozes

𝕏 @editora_vozes

▶ youtube.com/editoravozes

☏ +55 24 2233-9033

www.vozes.com.br

Conheça nossas lojas:

www.livrariavozes.com.br

Belo Horizonte – Brasília – Campinas – Cuiabá – Curitiba
Fortaleza – Juiz de Fora – Petrópolis – Recife – São Paulo

  Vozes de Bolso

EDITORA VOZES LTDA.
Rua Frei Luís, 100 – Centro – Cep 25689-900 – Petrópolis, RJ
Tel.: (24) 2233-9000 – E-mail: vendas@vozes.com.br